Herausgeber: Polyglott-Redaktion
Autorin: Elke Homburg
Lektorat: Gudrun Beste
Art Direction: Illustration & Graphik Forster GmbH, Hamburg
Karten und Pläne: Annette Buchhaupt
Titeldesign-Konzept: V. Barl
Realisation: Studio Wolf Brannasky

Ergänzende Anregungen, für die wir jederzeit dankbar sind,
bitten wir zu richten an:
Polyglott-Verlag, Redaktion, Postfach 40 11 20, D-80711 München.

Alle Angaben wurden sorgfältig geprüft. Dennoch kann eine Gewähr
für Vollständigkeit und Richtigkeit nicht übernommen werden.

Zeichenerklärung

❶ Information
�” Öffnungszeiten
☏ Telefonnummer
🖷 Faxnummer
✈ Flugverbindungen
🚌 Busverbindungen
🚃 Eisenbahnverbindungen
🚢 Schiffsverbindungen
🏨 Hotel (pro Doppelzimmer)
$))) ab 70 US$
$) 25–70 US$
**$** bis 25 US$
🏨 Restaurant
(Essen ohne Getränke)
$))) ab 12 000 Rp.
$) ab 6000 Rp.
$ bis 6000 Rp.

Routenpläne

━━①━━ Route mit Routenziffer
═══ Autobahn, Schnellstraße
─── sonstige Straßen, Wege
━━━ Staatsgrenze, Landesgrenze
- - - National-, Naturparksgrenze

Stadtpläne

━━━ Durchgangsstraße
─── sonstige Straßen
⋯⋯ Fußgängerzone
····· Fußweg

Erste Auflage 1996

Redaktionsschluß: September 1995
© 1996 by Polyglott-Verlag Dr. Bolte KG, München
Printed in Germany
Gedruckt auf chlorfrei gebleichtem Papier
ISBN 3-493-62801-3

Polyglott-Reiseführer

Indonesien

Elke Homburg

Polyglott-Verlag München

Allgemeines

Städtebeschreibungen

Jakarta – Der Moloch aus vielen Dörfern   S. 36

Eine Stadt wächst und wächst … Mit dem Wachstum steigen die sozialen und ökologischen Probleme der Hauptstadt, aber mit dem wirtschaftlichen Aufschwung der letzten Jahre ist auch eine Szene entstanden, die – wird aus dem häßlichen Entlein auch nie ein schöner Schwan – dem kulturellen Leben und dem Nachtleben Jakartas neue Dimensionen verliehen hat.

Yogyakarta – Studentenstadt im Schatten des Kraton   S. 42

Der Kraton ist noch immer der Mittelpunkt der altehrwürdigen Sultansstadt. Tradition wird großgeschrieben, gleichzeitig ist Yogya jedoch eine quirlige Studentenstadt mit einem vielfältigen Kulturangebot.

Inselbeschreibungen

Java

Das Herz Indonesiens   S. 48

Endlose grüne Reisfelder, aktive Vulkane und eine lebendige Kultur locken. Weltberühmt sind die alten Tempelkomplexe des Borobudur und des Prambanan.

Bali

Insel der Götter und Dämonen   S. 62

Die hinduistische Enklave im islamischen Indonesien lockt mit Stränden, spektakulären Reisterrassen und zahllosen Festen zu Ehren der Götter und Dämonen.

Lombok — **Der kleine Nachbar Balis**　　　　S. 71

An der Westküste versprechen wahre
Badeparadiese einen erholsamen Urlaub.
Doch keine Angst, Langeweile kommt
nicht auf, das Ausflugsangebot ist groß.

Sumatra — **Das Rohstofflager des Archipels**　　S. 72

Die fünftgrößte Insel der Welt ist ein Paradies für Ethnologen, Biologen und Naturliebhaber. Hier gibt es riesige Regenwälder und eine seltene Fauna und Flora.

Sulawesi — **Ein Krake im Ozean**　　　　　S. 82

Bugis und Makassaren sind die größten
Seefahrer auf den indonesischen Meeren.
Im Bergland lebt mit den Toraja eines der
interessantesten Völker des Archipels.

Fernab der Touristenströme　　　　S. 88

Üppige Regenwälder, schneebedeckte
Berge und trockene Savannen; Megalithkultur und exotische Tiere – es gibt viel
zu entdecken fernab der Touristenströme.

Palmzuckerverkäufer auf Sumatra

Fremde Kulturen kennenlernen und gastfreundlichen Menschen begegnen – wie sehr genießen wir das auf Reisen. Zu Hause bei uns jedoch wird mancher Ausländer von einer kleinen Minderheit beschimpft, bedroht und sogar mißhandelt. Alle, die in fremden Ländern Gastrecht genossen haben, tragen hier besondere Verantwortung. Deshalb: Lassen Sie es nicht zu, daß Ausländer diffamiert und angegriffen werden. Lassen Sie uns gemeinsam für die Würde des Menschen einstehen.

Verlagsleitung und Mitarbeiter des Polyglott-Verlages

Editorial

Rund 13 000 Inseln schmiegen sich wie Perlen um den Äquator. Durch die Jahrhunderte waren sie beliebtes Einwanderungsland: Den Immigranten aus Südchina folgten Inder, den Portugiesen die Holländer. Alle brachten ihre Kultur, Sprache und Religion mit, hinterließen Monumente und Gedankengebäude, die miteinander verschmolzen und eine einzigartige Kultur entstehen ließen, die neben den vielfältigsten Landschaften die Faszination des Inselstaates ausmacht.

Schon bei der Ankunft empfängt Sie der Duft von Nelkenzigaretten, das verführerische Aroma Indonesiens. Schon im 16. Jh. lockten Gewürznelken die Portugiesen in die Inselwelt – nach Nelken und Muskatnüssen, die auf den sagenumwobenen Molukken wie Unkraut wuchsen, war Europa verrückt.

Seit der Unabhängigkeit bemüht sich die Regierung, Hunderte verschiedener Ethnien, Sprachen und Religionen zu einen: Das klug gewählte Staatsmotto lautet: Bhinneka Tunggal Ika – „Einheit in der Vielfalt". Indonesien ist ein Land im Aufbruch, an der Schwelle zum Industrieland und gleichzeitig ein Land uralter Traditionen mit alten Heiligtümern, interessanten Altvölkern und faszinierenden Landschaften.

Jede Insel hat ihren eigenen Charakter, und eine Reise kann nicht ausreichen, die Schatzkammer Indonesien mit all ihren Kostbarkeiten zu bestaunen. Wer bereit ist, sich auf dieses Land einzulassen, der wird das Lächeln Indonesiens in sich aufnehmen – und kann es hoffentlich noch ein Weilchen hinüberretten in die nördlichen Länder, wo das Dröhnen der Motoren von keinem Gamelanorchester übertönt wird und die Zigaretten nicht wie Räucherstäbchen duften.

Die Autorin

Elke Homburg studierte Literaturwissenschaft und Philosophie. Seit einigen Jahren arbeitet sie als Studienreiseleiterin mit Schwerpunkt Indonesien. Als Autorin publiziert sie ebenfalls vorwiegend über den Archipel.

Der größte Archipel der Welt

Lage und Landschaft

Vielfältig sind die Landschaftsformen, die uns im Archipel begegnen, kein allzu weiter Weg ist es von den Korallengärten der Molukken bis zu den schneebedeckten Gipfeln Irian Jayas, von den Regenwäldern Borneos zu den ausgedörrten Savannen Timors, von den Reisterrassen Balis zu den Plantagen Nordsumatras.

Tanah Air Kita – „Unser Land und Wasser" – nennen die Indonesier ihre Heimat, und treffender könnte man es kaum ausdrücken: Einer Landfläche von 2 Mio. km² steht ein Gebiet von 3,2 Mio. km² an Territorialgewässern gegenüber. Beiderseits des Äquators reihen sich die 13 677 Inseln – die Ost-West-Ausdehnung macht ein Achtel des Erdumfangs aus –, weniger als 1000 sind bewohnt.

Hauptinsel ist Java mit der Metropole Jakarta, zu den bekannteren Inseln zählen daneben Sumatra, Sulawesi, die östlichen Inseln von Bali bis Timor und die Molukken. Neuguinea, dessen Westteil *Irian Jaya* zu Indonesien gehört, ist die zweitgrößte Insel der Erde (nach Grönland), Borneo mit der indonesischen Provinz *Kalimantan* die drittgrößte.

Geologisch gesehen sind die Inseln relativ jung. Als Folge der Kontinentalbewegung im tektonischen Spannungsgebiet der australischen, pazifischen und asiatischen Platte spaltete sich die Landmasse, die den heutigen Archipel bildet, entlang verschiedener Erdfalten ab, die durch Gegenbewegungen der Kontinentalplatten entstanden waren. Als infolge tektonischer Bewegungen, die vor drei bis fünf Millionen Jahren begannen, und daraus resultierender Spannungen die Landbrücke zwischen Asien und Australien zerbrach, bildeten sich die Kontinente in ihrer heutigen Form aus. Das im rissigen Erdmantel an die Oberfläche gekommene Magmagestein baute sich zu den vulkanischen Gebirgsrücken auf, die die Inseln durchziehen und ihnen ihren so eindrucksvollen Landschaftscharakter verleihen.

Klima und Reisezeit

Im Tropenklima mit hohen Temperaturen und einer Luftfeuchtigkeit, die oft über 90 % liegt, fühlen sich Mitteleuropäer wie im Dampfbad. Die Jahresdurchschnittstemperatur beträgt landesweit etwa 26 °C, wobei es nachts im Flachland nur unwesentlich abkühlt. Anders im Bergland, dort werden Sie für einen Pullover und eine Windjacke dankbar sein. Abhängig von den Monsunwinden unterscheidet man in den meisten Landesteilen zwischen Regen- und Trockenzeit, nur in Sumatra und Kalimantan sind die Niederschläge über das ganze Jahr hinweg relativ gleichmäßig verteilt. Dezember, Januar und Februar bringen Regen zwischen Südsumatra und Timor (und zwar weniger, je weiter man sich nach Osten bewegt). Die beste Zeit für eine Indonesienreise sind zweifellos die europäischen Sommermonate – allerdings ist das dann auch die Hauptsaison!

Buchtip

Je mehr man weiß, desto mehr sieht man auf der Reise. Wer nicht nur Sehenswürdigkeiten bestaunen, sondern das Gastland und seine Menschen verstehen möchte, dem sei die Lektüre von **Land & Leute Indonesien** (Polyglott-Verlag, München, 1993) ans Herz gelegt.

Bevölkerung

191 Mio. (1993) Indonesier bevölkern den Inselstaat, der damit weltweit an vierter Stelle steht. Die Siedlungsdichte im Archipel ist jedoch höchst ungleichmäßig. Ein Großteil der Bevölkerung konzentriert sich auf den „Kerninseln" Java, Madura und Bali. Java allein beheimatet auf 7 % der Fläche 60 % der Einwohner; damit erreicht es eine Bevölkerungsdichte von 814 Einwohnern je Quadratkilometer, während sich diese Fläche in Irian Jaya gerade sieben Menschen teilen müssen!

Mehr als 360 verschiedene Ethnien, die in mindestens ebenso vielen Sprachen untereinander kommunizieren, leben im Archipel. Während auf den westlichen Inseln malaiische Volksgruppen dominieren, die ab etwa 3000 v. Chr. als Einwanderer aus dem südchinesischen Raum kamen, findet man im Osten hauptsächlich melaneside Völker aus dem austral-pazifischen Raum.

Die Staatsgrenzen, die sich der junge indonesische Staat zu eigen machte, waren ein eher zufälliges Produkt holländischer Expansionspolitik und basierten nicht auf ethnischen Gemeinsamkeiten. Ein wichtiger Schritt zur Einigung des Volkes auf dem Weg zur Unabhängigkeit war die Wahl einer gemeinsamen, verbindenden Sprache. „Ein Land, ein Volk, eine Sprache" – unter diesem Motto wurde bereits 1928 auf dem Jugendkongreß in Batavia **Bahasa Indonesia** zur Nationalsprache erwählt. Man entschied sich damit gegen die Sprache der Mehrheit, das komplizierte Javanisch, und gegen die Kolonialsprache Holländisch. Bahasa Melayu, mehr oder weniger identisch mit dem heutigen Bahasa Indonesia, seit Jahrhunderten Handelssprache im malaiischen Archipel, grammatikalisch einfach strukturiert und leicht erlernbar, entsprach den Vorstellungen von einer Nationalsprache. Ab der ersten Grundschulklasse wird es in ganz Indonesien gelehrt. Im Alltag dominieren zwar noch immer Regionalsprachen,

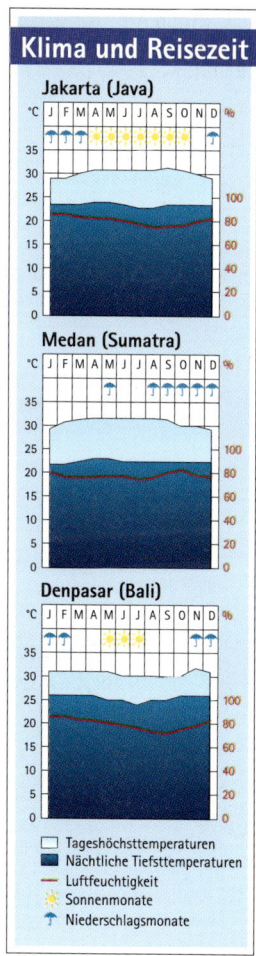

Klima und Reisezeit

Jakarta (Java)

Medan (Sumatra)

Denpasar (Bali)

☐ Tageshöchsttemperaturen
■ Nächtliche Tiefsttemperaturen
— Luftfeuchtigkeit
☀ Sonnenmonate
☂ Niederschlagsmonate

aber in der jungen Generation gewinnt das Bahasa ständig an Bedeutung. Und wer Karriere machen will, muß Indonesisch in Wort und Schrift beherrschen.

Seit 1987 besteht eine sechsjährige Schulpflicht, Scharen von Kindern in rot- bzw. blauweißen Schuluniformen gehören zum Alltagsbild. Die Ausbildung ist kostenlos, doch sind die Kosten für Schuluniform, Bücher etc. für manche Familie ein großes Problem, ganz abgesehen davon, daß die Kinder als Arbeitskräfte ausfallen. Nicht einmal 40 % der Kinder besuchen weiterführende Schulen, und nur ca. 3 % eines Jahrgangs die Universität.

Westliche Errungenschaften wie Kranken- oder Rentenversicherung sind für die meisten Indonesier noch ein Wunschtraum. Verlaß herrscht dagegen noch auf den Rückhalt der Großfamilie, die alles tut, ihre schwächsten Glieder zu stützen. Ähnlich eng ist der Zusammenhalt des Dorfverbandes, *gotong royong* heißt die Zauberformel, die Pflicht zur gegenseitigen Hilfe, sei es bei der Ausrichtung von Festen, sei es bei Erntearbeiten oder anderen gemeinsamen Projekten.

Politik und Verwaltung

Indonesien ist eine präsidiale Republik. Die Macht konzentriert sich im Amt des Präsidenten, der Staatsoberhaupt, Regierungschef und Oberbefehlshaber der Streitkräfte ist. Den Begriff der „Gelenkten Demokratie" führte bereits der erste Präsident der Nation, Sukarno (1949–1967) ein; er hielt westliche Demokratiekonzepte für ungeeignet, im Vielvölkerstaat nationale Einheit und innenpolitische Stabilität zu schaffen. Die mit kommunistischen Strömungen sympathisierende Politik Sukarnos fand nach dem Militärputsch am 30. September 1965 ein Ende. General Suharto drängte Sukarno von der politischen Bühne. Seither steuert Suharto, 1968 offiziell zum Staatspräsidenten gewählt, unterstützt von der Regierungspartei Golkar und dem Militär die Geschicke seines Landes.

Bhinneka Tunggal Ika

„Einheit in der Vielfalt" – der Wappenspruch ist ein geschickt gewähltes Staatsmotto, sind doch die kulturellen Gemeinsamkeiten eines orthodoxen Muslim in Aceh mit einem balinesischen Hindu, eines westlich orientierten Javaners mit einem nomadisierenden Punan in Kalimantan äußerst gering. Separatistische Strömungen wurden und werden, wie man am Fall Osttimor jüngst wieder verfolgen konnte, brutal niedergeschlagen. Der Minangkabau, Dayak oder Dani soll sich in erster Linie als Indonesier und erst in zweiter Linie als Angehöriger seiner ethnischen Gruppe fühlen. „Assimilasi" heißt die Maxime, oberste Richtwerte sind javanische Kultur und Moral. Die Javanisierung des Archipels ist ein wichtiger Punkt in der Politik Jakartas und gleichzeitig immer wieder Anlaß zu Konflikten.

Das Staatsmotto, einem alten javanischen Epos entnommen, wird von den Klauen des stolzen Adlers umspannt, der das Staatswappen ziert.

Am Bauch des Adlers zeigt ein Wappen die fünf Symbole, die für die in der Verfassung verankerte Staatsideologie *Pancasila* (panca = fünf, sila = Prinzipien) stehen: Glaube an einen einzigen Gott, gleich welchen Bekenntnisses (Stern). Menschlichkeit (Kette). Nationale Einheit (Büffelkopf). Demokratie durch Volkssouveränität, basierend auf dem Prinzip der Harmonie und einmütigen Entscheidungsfindung (Banyan-Baum). Soziale Gerechtigkeit (Reis- und Baumwollpflanze).

Höchstes Staatsorgan ist der Volkskongreß, der sich zur Hälfte aus Mitgliedern des Repräsentantenhauses, zur anderen Hälfte aus Mitgliedern der Provinzen und der Regierungspartei zusammensetzt. Der Präsident besitzt jedoch das Vetorecht.

Neben der Regierungspartei Golkar existieren zwei politisch wirkungslose Parteien: die muslimische Partei *(PPP; Partai Persatuan Pambangunan)* und die PDI *(Partai Demokrasi Indonesia),* die sich aus nationalistischen und christlichen Kräften zusammensetzt.

Administrativ gliedert sich Indonesien in 27 Provinzen (einschließlich der drei Sonderregionen Jakarta, Yogyakarta und Aceh), die meist von javanischen Gouverneuren regiert werden. Die starken Zentralisierungsversuche durch die politische „Kerninsel" Java stoßen auf den Außeninseln allerdings immer mehr auf Widerstand.

Transmigrasi und Keluarga Berencana

Die Prognosen sind düster: 240 Mio. Indonesier soll es bereits zur Jahrtausendwende geben, wenn es nicht gelingt, das Bevölkerungswachstum unter 2 % zu drücken. Millionen von Arbeitsplätzen müßten neu geschaffen werden, der Zuzug in den Städten geriete außer Kontrolle, die Slums würden sich endlos ausweiten. Man kennt die Probleme, man weiß um das Ticken der Zeitbombe Übervölkerung.

Trotz allem können sich die Erfolge des Familienplanungsprogrammes KB *(Kelurga Berencana)* bislang sehen lassen. Seit vielen Jahren wird die Kleinfamilie mit dem Slogan „Dua anak cukup" (Zwei Kinder sind genug) propagiert, und in den gebildeten Schichten hat die Kampagne das Bewußtsein verändert. Doch je niedriger das Bildungsniveau, je ärmer die Menschen, desto größer die Zahl der Kinder – kein Wunder, sind doch Kranken- und Sozialversicherung nach wie vor das Privileg

Alle Schüler müssen eine Uniform tragen

Die fünf (panca) Säulen (sila) der indonesischen Staatsphilosophie

einer Elite, und eine zahlreiche Nachkommenschaft somit Garant für eine ausreichende Versorgung im Alter.

Die unterschiedliche Verteilung der Bevölkerung legt nahe, das Problem mit Umsiedlung zu lösen. Bereits von den Holländern angedacht, hat sich *Transmigrasi* zu einem ehrgeizigen, wenn auch umstrittenen Projekt entwickelt. Javaner und Balinesen werden nach Sumatra, Sulawesi, Kalimantan oder Irian Jaya verschifft und für 18 Monate mit allem Lebensnotwendigen versorgt. Tagelöhner sehen darin die Chance, durch harte Arbeit zu Landbesitzern zu werden. Doch die Zahl derjenigen, die gescheitert in die Heimat zurückkehren, ist groß. Nicht ohne Grund waren die Inseln so dünn besiedelt: Der karge Boden kann größere Menschenmengen nicht ernähren, zu klein sind oft die Erträge, die dem Land abgetrotzt werden können. Dazu kommen soziale Probleme – javanische Lebensweise ist der einheimischen Bevölkerung fremd, die Neusiedler wiederum respektieren die örtlichen Gepflogenheiten nicht. Die sich manchmal mit Brutalität vollziehende Javanisierung ist ein von der Regierung wohlkalkulierter Nebeneffekt des Transmigrasi-Programms. Man verspricht sich Kontrolle über Randregionen des Archipels, denn die Angst vor Separatisten ist groß.

Die ausländische Kritik am Prestigeprojekt der Suharto-Regierung wird immer lauter, die Unterstützung aus den Entwicklungshilfetöpfen des Westens ist versiegt, doch wenn Transmigrasi zum Scheitern verurteilt ist, was geschieht mit den rund 140 Mio. Menschen, die Java wahrscheinlich im Jahr 2000 besiedeln werden?

Wirtschaft

Wer die Bauaktivitäten in Jakarta beobachtet, kann nicht umhin zu erkennen, daß hier ein Land im Aufbruch ist, gleichzeitig führen die Wellblechhütten unweit der neuen Shopping-Komplexe vor Augen, daß die Zahl der Plätze auf dem Zug in die Zukunft, die da heißt „Industrienation", begrenzt ist. Indonesien hat reiche Rohstoffvorkommen: allen voran Erdöl und Erdgas, daneben Bauxit, Zinn, Kupfer und Nickel. Durch den Export von Rohstoffen machte man sich aber abhängig von den Märkten der Industrieländer, und Fertigprodukte mußten teuer eingeführt werden. Erst die Ölkrise ließ umdenken und Gedanken an eine zunehmende Industrialisierung des Landes reifen. Anfang der 90er Jahre bestand schon fast die Hälfte der Exporte aus Industrieprodukten, wobei sich Textil-, Nahrungs- und Genußmittel-, Elektronik-, Möbel- und Fahrzeugindustrie auf Java konzentrieren. Das Gros der Industriebetriebe setzt sich nach wie vor aus Kleinstbetrieben zusammen, die von moderner Technik nur träumen können.

Das krasse Gegenteil stellt das indonesische Prestigeprojekt, Lieblingskind des Forschungsministers Habibie, dar: das Flugzeugwerk in Bandung.

Nach wie vor ist Indonesien ein Agrarstaat, 55% der Bevölkerung erwirtschaften in der Landwirtschaft mehr schlecht als recht ein Einkommen. Agrarprodukte machen etwa 25% der Gesamtexporte aus (Kautschuk, Kopra, Palmöl, Tee, Kaffee, Kakao, Tabak, Gewürze). Holz ist inzwischen der zweitwichtigste Devisenbringer geworden. Vor ein paar Jahren wurde die Ausfuhr von Rundhölzern verboten – seither boomt die Sperrholzindustrie. Um der Abholzung der Regenwälder Einhalt zu gebieten, werden seit den 80er Jahren Nutzwälder angelegt, die einen großen Teil des Holzbedarfs decken sollen.

Eine stürmische Entwicklung erlebte die Tourismusindustrie. Die Infrastruktur der wichtigsten Touristenregionen wird verbessert, die Zahl der Hotels mit internationalem Standard hat sich in den letzten zehn Jahren verdoppelt.

Doch neben all diesen Erfolgsmeldungen darf nicht vergessen werden, daß Arbeitslosigkeit und Unterbeschäftigung nach wie vor riesige Probleme sind, und daß die Abzahlung der Auslandschulden einen großen Teil der Exportgewinne verschlingt. Die Industrialisierung des Landes läßt auf Arbeitsplätze hoffen, die akzeptable Bezahlung und soziale Absicherung geben. Der heute gültige Mindestlohn liegt bei 5000 Rp am Tag (etwa 3,20 DM!). Bei solchen Einkommen wird klar, warum Doppelbeschäftigungen und Kinderarbeit an der Tagesordnung sind. Und doch ist eine Anstellung in der Fabrik ein Wunschtraum für das unüberschaubare Heer der landlosen Bauern und Kleinstunternehmer in Gestalt der Straßenhändler (kaki lima), die von der Hand in den Mund leben und ohne den Rückhalt der Großfamilie in den Slums der Großstädte ums Überleben kämpfen.

Fluch und Segen der Feuerberge

„Glühend heißer Schlamm entströmte dem Berg, erfüllte auf seinem Wege die Flußbetten, zerstörte alle Wohnungen, ganze Dörfer und riß in seinen rauchenden Fluten die Leichen der Menschen und Tiere bis 15 km vom Berge hinab mit sich fort." So beschreibt der Indonesienreisende F. W. Junghuhn einen Ausbruch des westjavanischen Gunung Galunggung im Jahr 1823.

Gunung Api, Feuerberg, ist der indonesische Begriff für Vulkan. Etwa 300 davon werden im Archipel gezählt. Mehr als 70 waren in der Neuzeit noch aktiv, etwa 50 stoßen Gas und Wasserdampf aus, und es vergeht kaum ein Jahr ohne größeren Ausbruch.

Der zentraljavanische Gunung Merapi, dessen Zornesausbruch zuletzt 1994 mehrere Menschenleben forderte, begrub im 11. Jh. das größte buddhistische Heiligtum des Landes, den Borobudur, unter einer dichten Aschenschicht. Der Ausbruch des Krakatau, zwischen Sumatra und Java gelegen,

kostete 1883 40 000 Menschenleben. Die Folgen der Katastrophe waren global und beschäftigten noch jahrzehntelang die Wissenschaftler.

In der zweiten Hälfte des 20. Jhs. erregte vor allem der Ausbruch des balinesischen Gunung Agung die Gemüter, spuckte der Berg doch gerade, als man zum Eka Dasa Rudra rüstete, dem größten Fest des Jahrhunderts.

Die andere Seite des Schreckens ist Fruchtbarkeit, denn die mineralhaltigen Vulkanaschen düngen den Boden und machen den intensiven Anbau auf vielen der Inseln erst möglich. So tragen die Feuerberge die Züge des Gottes Shiva, des Zerstörers und Erneuerers, der den Indonesiern von jeher der wichtigste unter den Hindu-Göttern war. Der Mensch scheint den Naturgewalten ausgeliefert, aber zumindest kann er – falls die Seismographen der Vulkanologen versagen – den Göttern und Geistern der Erde huldigen, um ihren Groll in Grenzen zu halten.

Flora und Fauna

Das natürliche Pflanzenkleid Indonesiens ist der Wald, der immer noch mehr als 50 % des Landes bedeckt. Die regenreichen äquatornahen Regionen des Westens (Kalimantan und Sumatra) bieten ideale Bedingungen für den *immergrünen tropischen Regenwald*. Rund 140 Mio. ha der grünen Wunderwelt überziehen den Archipel – nach Brasilien der zweitgrößte Bestand der Erde. Im Schatten der Baumriesen versteckt sich ein ungeheurer Pflanzenreichtum. Doch rund eine Million Hektar werden heute pro Jahr gerodet. Die Bevölkerungsexplosion zwingt zur Erschließung neuer Anbauflächen: *Transmigrasi* (s. S. 12) bringt jährlich Tausende von Neusiedlern, in bisher unberührte Dschungelgebiete. Den Brandrodungsfeldbau, den die Dayak seit Jahrhunderten praktizieren, konnte der Wald verkraften, die Rodung durch die Neusiedler richtete großen Schaden an.

Verheerend für die Natur aber ist Tropenholz als wichtiger Devisenbringer. Große Holzfällerfirmen nutzen den Wald kommerziell und betreiben erbarmungslos Kahlschlag, ohne sich um die notwendige Aufforstung zu kümmern. Indonesien ist der derzeit größte Holzlieferant der Welt. Der ökonomische Druck ist groß. Ein armes Land kann es sich nicht leisten, an die globalen Folgen seiner Umweltzerstörung zu denken, schallt es den westlichen Umweltexperten entgegen.

Die Folge ist eine nachhaltige Störung des natürlichen Gleichgewichts. Doch nicht nur unzählige Planzen- und Tierarten fallen dem zum Opfer, sondern auch archaische, z. T. noch nomadisch im Regenwald lebende Völker, denen durch die Vernichtung des Waldes die Lebensgrundlagen geraubt werden. Umweltschützer – das Umweltbewußtsein im Archipel ist in den letzten Jahren enorm gestiegen – weisen warnend auf das Beispiel anderer südostasiatischer Länder, in denen die Gier nach Devisen ihren Preis bereits gefordert hat, in Form von Erosion, Erdrutschen und Überschwemmungen. Ein Drittel des Waldes soll nun als Schutzwald erhalten werden, aber der Arm des Gesetzes ist gerade auf den Außeninseln oft sehr kurz. Und so ist die schier unerschöpfliche Fülle der Pflanzen- und Tierarten des Dschungels – bei der Flora schätzt man an die 45000 Spezies, bei der Fauna bis zu 5 Mio. – weiterhin in großer Gefahr. Zu den bedrohten Arten zählt auch die berühmte *Rafflesia arnoldi*, die größte Blume der Welt, deren Blüte einen Durchmesser von bis zu 1 m erreicht.

In der wechselfeuchten monsunalen Zone, in der bereits eine deutlich abgegrenzte Trockenzeit auszumachen ist, wächst der artenärmere *Monsunwald*. Seine ausgeprägteste Variante wiederum, der *trockene Monsunwald* in Ostjava und Nusa Tenggara wirft während der Trockenzeit sogar seine Blätter ab und liefert ausgezeichnetes Nutzholz (Teak).

Ab etwa 1000 m Höhe geht die Tieflandvegetation in einen *Berg-* oder *Nebelwald* über, in dem bis zu 8 m hohe Baumfarne auffallen.

Viele Küstenniederungen, die regelmäßig von Meerwasser überschwemmt werden, sind von *Mangroven-Dickichten* bestanden, die auf natürliche Art und Weise Überschwemmungen und Erosionsgefahr eindämmen.

Literaturtip

Wer Lust bekommen hat, die botanische Wunderwelt der Tropen zu entdecken, dem sei folgendes Buch empfohlen: Farbatlas Tropenpflanzen von Andreas Bärtels (Ulmer Verlag, Stuttgart 1990).

Auf den bevölkerungsreichsten und fruchtbarsten Inseln hat der Mensch große Teile des Waldes gerodet und Kulturland geschaffen: Gummibäume zur Kautschukgewinnung, Ölpalmen, Kaffee, Kakao, Tee und Gewürze werden auf Plantagen angebaut. Wichtigste Kulturpflanze ist allerdings der Reis, der auf Java und Bali als Naßreis, auf den übrigen Inseln meist als Trokkenreis angebaut wird. Daneben findet man die unterschiedlichsten Palmenarten (Kokos-, Öl-, Sago-, Nippah-, Lontarpalmen u. a.) und Bambusgewächse, tropische Fruchtbäume und Blütenpflanzen wie Bougainvillea, Flamboyant und Frangipani, die mit leuchtenden Farben und betörendem Duft die Sinne des Besuchers erfreuen.

Rafflesia – größte Blüte der Welt

Orang-Utan

Deutlicher noch als bei der Vegetation sind die Unterschiede zwischen West- und Ostindonesien in der *Tierwelt* auszumachen. Großsäuger wie Bären, Ele-

Orang-Utan und Komodo-Waran

Kaum ein Besuch Nordsumatras ohne Frühstück bei den Orang-Utans und kaum ein Aufenthalt im Osten der Inselwelt ohne Fütterung der Komodo-Warane – die beiden typischen Vertreter asiatischer bzw. australischer Fauna, endemisch in Indonesien, sind zu Touristenattraktionen avanciert.

Der Name des menschlichsten aller Menschenaffen stammt aus dem Indonesischen: „Orang" bedeutet Mensch, „Hutan" Wald. Der rotzottelige „Mensch des Waldes" ist in den Regenwäldern Sumatras und Kalimantans heimisch und kennt als friedliebender Vegetarier nur einen Feind: den Menschen. Aus wissenschaftlichem Interesse fing man die Menschenaffen für zoologische Gärten und Labors rund um den Erdball. Zudem galt es unter Indonesiens Reichen eine Zeitlang als schick, einen Orang-Utan im Käfig im Garten zu halten. Längst sind die vom Aussterben bedrohten Tiere unter Schutz gestellt, und seit einigen Jahren bemüht man sich, Tiere, die in Gefangenschaft aufwuchsen, wieder an das Leben in der Wildnis zu gewöhnen. So entstanden Rehabilitationszentren, z. B. in Bohorok (s. S. 74), die auch der Öffentlichkeit zugänglich sind.

Ausschließlich von Fleisch ernährt sich der letzte Nachfahre des Dinosauriers: der Komodo-Waran, beheimatet auf den Inseln Komodo, Rinca und Padar, zwischen Sumbawa und Flores. Das bis zu 3 m lange, ledrige Ungeheuer mit der langen gespaltenen Zunge ist ein Relikt aus dem 60 Mio. Jahre zurückliegenden Eozän. Der Drachenschau-Tourismus ist in den letzten Jahren in Verruf geraten, weil sich die Tiere zu sehr an die regelmäßige Fütterung gewöhnen, und bequemer und preisgünstiger kann man die Tiere in den Zoologischen Gärten Javas beobachten.

fanten, Tiger, Nashörner, Wildrinder und viele Affenarten sind Teil der asiatischen Fauna und gelangten auf einst vorhandenen Landbrücken nur bis zu der imaginären, nach dem gleichnamigen Naturforscher benannten *Wallace-Linie*, die Bali von Lombok trennt und weiter zwischen Kalimantan und Sulawesi verläuft. Kleinsäuger, Reptilien und Vögel kamen ein wenig weiter und wurden erst durch die vom gleichnamigen Forscher entdeckte *Lydekker-Linie* gestoppt, die Nusa Tenggara und die Molukken von Australien und Neuguinea abgrenzt: In Irian Jaya findet man Tiere, die sonst nur auf dem australischen Kontinent beheimatet sind, wie Beuteltiere oder eine große Vielfalt buntgefiederter Vögel. Dazwischen erstreckt sich eine Übergangszone, die sogenannte *wallacea*, mit einer Mischfauna und einigen interessanten endemischen Säugetierarten wie Hirscheber *(Babirusa)* und Zwergbüffel *(Anoa)* auf Sulawesi.

Wenn Sie auf Ihrer Reise einem Großsäuger oder Elefanten begegnen, befinden Sie sich sicher in einem Zoo oder einem Tierreservat. An andere Tiere werden Sie sich aber gewöhnen müssen: Zum Beispiel an Geckos, die oft lautstark von der Zimmerdecke einen „Guten Morgen" entbieten. Sie jagen Insekten, von denen es nur so wimmelt. Wie die Malaria übertragende Anopheles-Mücke sind viele wahre Blutsauger, im Gegensatz zu den vampirisch aussehenden Fledermäusen und Flughunden. In Waldgebieten werden Sie häufig Affen sehen. Rinder oder Wasserbüffel *(Kerbau)* – nicht nur Arbeitstiere und Fleischlieferanten, sondern z. B. bei den Toraja in Sulawesi auch wichtige Kulttiere – sind im gesamten Archipel geschätze Domestiken; in nichtislamischen Regionen wie auf Bali ist das Schwein weit verbreitet.

Was man sich schließlich nicht entgehen lassen sollte, ist ein Ausflug mit Maske und Schnorchel in die Welt der Korallen und Tropenfische der Korallenriffe.

Geschichte im Überblick

ab ca. 500 000 v. Chr. Der *Pithecanthropus erectus* oder Javamensch siedelt im Gebiet des heutigen Zentraljava.

ab 3000 v. Chr. In mehreren Einwanderungswellen gelangen Siedler aus dem chinesischen Raum auf die indonesischen Inseln. Herausbildung einer jungsteinzeitlichen Kultur (Vierkantbeil, Ahnenverehrung, Steingräber).

ab ca 300 v. Chr. Indonesische Bronzezeit (Dong-Son-Kultur), Einführung des Naßreisanbaus.

ab Christi Geburt Einbeziehung indonesischer Völker in den Handel zwischen Indern und Chinesen (Gewürze, Edelsteine, Edelhölzer); starke Beeinflussung durch die indische Kultur.

5. Jh. Erste nachweisbare Hindureiche in Ostborneo und Westjava.

7.–10. Jh. Das buddhistische Srivijaya-Reich, dessen Machtzentrum auf Sumatra liegt, beherrscht zeitweise ganz Südostasien.

8. Jh. In Zentraljava entstehen mehrere große Königreiche. Die buddhistische Sailendra-Dynastie läßt den Borobudur erbauen.

9. Jh. Die hinduistische Sanjaya-Dynastie (Mataram-Reich) löst die Sailendra ab. Der Prambanan wird errichtet. Wenige Jahrzehnte nach seiner Fertigstellung kommt es aus unbekannten Gründen zur Verlagerung des Machtschwerpunkts nach Ostjava.

11./12. Jh. Vereinigung von Ostjava und Bali unter König Airlangga. Nach seinem Tod Teilung des Reiches. Größte Bedeutung erreichen die Kediri- und die Singasari-Dynastie.

1294 Gründung des Majapahit-Reiches, das im 14. Jh. seine größte Ausdehung erreicht und weite Teile Südostasiens kontrolliert.

Um 1300 Der Islam findet erste Anhänger in Nordsumatra und setzt sich im Laufe der nächsten Jahrhunderte in weiten Teilen Indonesiens durch.

Um 1500 Zerfall des Majapahit-Reiches. Die Elite des Reiches flieht nach Bali und leitet die Blütezeit balinesischer Kultur ein.

16. Jh. Das Zeitalter der Entdeckungen in Europa. Die Sucht nach den Gewürzen lockt die Europäer nach Asien.

1521 Die Portugiesen errichten Handelsstützpunkte auf den Molukken und kontrollieren ein Jahrhundert lang den Gewürzhandel.

1575 Gründung des zweiten, islamischen Mataram-Reiches in Zentraljava.

1596 Das erste holländische Schiff erreicht Banten (Westjava); die Portugiesen werden nach und nach aus Indonesien vertrieben.

1602 Zusammenschluß holländischer Handelshäuser zur VOC (Vereinigte Ostindische Kompanie), die sich zu einem ungeheuer gewinnträchtigen Unternehmen entwickelt.

1609 Gründung Batavias durch Jan Pieterszoon Coen.

1755 Die Sultanate Yogyakarta und Surakarta entstehen durch Teilung des islamischen Mataram-Reiches.

1799 Korruption treibt die VOC in den Konkurs. Indonesien wird holländische Kolonie.

1811–1816 Britisches Interregnum in Indonesien als Folge des Englisch-Französischen Kriegs in Europa. Der Gouverneur Stamford Raffles macht sich um die Wiederentdeckung javanischen Kulturerbes verdient.

1825–1830 Java-Krieg. Der Aufstand gegen die holländische Kolonialregie-

Der Pithecanthropus erectus oder Javamensch

Das holländische Handels-ministerium (1925)

Der Freiheitsheld Diponegoro kämpfte gegen die Holländer

rung unter Leitung des javanischen Prinzen Diponegoro endet mit hohen Verlusten v. a. auf indonesischer Seite.

1830–1860 Einführung des *culturstelsel,* eines Kultivierungssystems, das die Indonesier zwingt, Kaffee und Tee für den Export anstelle von Reis anzubauen. Hungersnöte sind die Folge.

ab 1860 Erste Liberalisierungstendenzen in der Kolonialpolitik.

Um 1900 Fast das gesamte Gebiet Indonesiens steht unter holländischer Verwaltung. Durch zunehmende Technisierung und Verbesserung der Infrastruktur können auch die Außeninseln zunehmend ausgebeutet werden.

1906 Ritueller Selbstmord *(puputan)* des Herrscherhauses von Badung (Bali).

1908–1920 Gründung verschiedener Gruppierungen und Parteien, die sich eine Verbesserung der Lebensumstände der Einheimischen zum Ziel setzen bzw. die Unabhängigkeit anstreben (Budi-Utomo-Bewegung, Sarekat Islam, Kommunistische Partei).

1927 Gründung der Nationalpartei durch Sukarno und Hatta. Die Autonomieforderungen der Nationalisten werden von den Holländern zurückgewiesen, die Anführer der Bewegung verbannt.

1942 Die Japaner besetzen Indonesien.

17. August 1945 Nach der japanischen Kapitulation proklamieren Sukarno und Hatta die Republik Indonesien. Nach Kriegsende kehren die Holländer zurück; es folgen Jahre des Unabhängigkeitskampfes.

27. Dezember 1949 Die Holländer erkennen die Unabhängigkeit Indonesiens an.

1955 Asia-Afrika-Konferenz in Bandung, die zur Gründung der Gruppe der „Blockfreien Staaten" 1961 führt. Erste allgemeine Parlamentswahlen.

1957 Sukarno führt die „Gelenkte Demokratie" (s. S. 10) ein.

1963 Der bislang noch unter holländischer Verwaltung stehende Westteil Neuguineas (Irian Jaya) wird indonesischer Verwaltung unterstellt.

1965 Der antiwestliche Kurs in der Politik Sukarnos findet seinen Höhepunkt im Austritt aus dem Bündnis der Vereinten Nationen.

30. September 1965 Kommunistisch orientierte Offiziere initiieren einen Putsch, dessen Hintergründe bis heute umstritten sind.

Ergebnis ist die Entmachtung Sukarnos zugunsten General Suhartos.

1966 Suharto übernimmt offiziell die Macht im Lande. Verfolgung von Kommunisten und Chinesen. Eine erneute politische Öffnung zum Westen ermöglicht Auslandsinvestitionen.

1968 Suharto wird Staatspräsident. Wiederwahl jeweils im Abstand von 5 Jahren (derzeit 6. Amtsperiode).

1970 Sukarno stirbt in Bogor.

1975 Osttimor, eine der letzten portugiesischen Kolonien, wird von Indonesien annektiert. Niederschlagung oppositioneller Gruppen.

Ab 1991 Das brutale Vorgehen des indonesischen Militärs gegen Unabhängigkeitskämpfer und Zivilisten in Osttimor wird in der westlichen Presse und von Menschenrechtsorganisationen heftig kritisiert.

1993 Präsident Suharto wird in seinem Amt bestätigt und geht in seine sechste Amtszeit.

Der Affengeneral Hanuman aus dem Ramayana

Religion

Fast 90 % der 191 Mio. Indonesier bekennen sich zur Lehre Mohammeds, und damit konzentriert sich auf den indonesischen Inseln die größte muslimische Gemeinschaft der Welt. Trotzdem ist der Islam nicht Staatsreligion, die Anhänger unterschiedlichster Religionen leben friedlich miteinander, die Religionsfreiheit ist in der Verfassung verankert (s. Pancasila-System, S. 10), allerdings beschränkt auf monotheistische Religionen oder solche, die zu monotheistischen umgebogen wurden.

Die größte Gruppe unter den Nichtmuslimen stellen die Christen. Die Katholiken, die davon wiederum etwa ein Drittel ausmachen, haben ihre Bastionen in den von Portugiesen missionierten Regionen, auf den Molukken, auf Flores und Timor.

Protestantische Missionare aus Holland waren vor allem dort besonders erfolgreich, wo sich zuvor weder Islam noch indische Religionen durchgesetzt hatten: bei den Toraja in Südsulawesi, den Minahasa in Nordsulawesi und den Batak in Sumatra.

Die einst fast im gesamten Archipel verbreiteten Religionen aus Indien sind durch den Islam stark zurückgedrängt worden. Der Hinduismus in seiner Sondergestalt als Hindu-Dharma-Religion (ca. 2 % der Bevölkerung) ist auf Bali und im Westen Lomboks heimisch.

Buddhisten (ca. 1 % der Bevölkerung) sind vor allem unter den Indonesiern chinesischer Abstammung zu finden.

Wichtige religiöse Feste

Die Feste der verschiedenen Religionsgemeinschaften richten sich nach unterschiedlichen Kalendersystemen.

Über die genauen Termine gibt der jährlich beim Fremdenverkehrsamt erscheinende Calendar of events Auskunft.

Für die Muslime markiert *Idul Fitri* das Ende des Fastenmonats Ramadan – Grund zu ausgelassenen Feiern und Anlaß zu einer das ganze Land erfassenden Reisewelle (1996: Ende Februar). Der Opfertag *Idul Adha* wird mit Massengebeten in der Moschee und Tierschlachtungen begangen (1996: Ende April). Auch das muslimische *Neujahrsfest, Geburtstag* (1996: Ende Juli) und *Himmelfahrt* (1996: Mitte Dezember) des Propheten werden besonders prächtig in den Sultanstädten Surakarta und Yogyakarta begangen.

Besonders gern feiern die Balinesen. Das balinesische Neujahrsfest, *Nyepi* (1996: 21. März), wird in absoluter Stille begangen. Der wichtigste Tag des Jahres ist *Galungan* (1996: 24. Juli): Die Götter nehmen den Jahrestag eines Sieges über die Dämonen zum Anlaß, um auf die Insel zu kommen und sich 10 Tage lang mit Opfern und Zeremonien feiern zu lassen; an *Kuningan* verlassen sie die Insel wieder. Abgesehen von den großen inselweiten Feiertagen vergeht kaum ein Tag, an dem nicht irgendwo auf der Insel ein religiöses Fest begangen wird: Über die wichtigsten *odalans*, Jahrestage der Weihe eines jeden Tempels, informiert der balinesische Calendar of events.

Die Buddhisten sind meist chinesischer Abstammung, für die das chinesische Neujahrsfest ein Grund zum Feiern ist. Mitte Mai ist der Borobudur Schauplatz einer feierlichen Prozession *(waicak):* Man feiert Buddhas Geburtstag, seine Erleuchtung und seinen Eingang ins Nirwana.

Der Islam

Der Islam kam nicht mit dem Schwert nach Indonesien, verbreitet wurde das Wort des Propheten statt dessen ab dem 13. Jh. ähnlich wie die indischen Religionen friedlich durch Handelskontakte, und noch heute geht dem sogenannten Tropenislam das kämpferische Element des sogenannten Wüstenislam weitgehend ab. Orthodoxe Strömungen hat es immer gegeben, auch fundamentalistische, aber ihnen fehlt die Unterstützung in breiten Teilen der Bevölkerung, auch wenn der Trend zu einer stärkeren Anbindung an die Religion geht, gerade junge Frauen wieder häufiger das Kopftuch tragen und die Zahl der Mekka-Pilger steigt. Einzig in Nordsumatra, in der Provinz Aceh, der „Veranda Mekkas" (die den Status einer Sonderregion genießt), gilt die *scharia,* das islamische Recht.

Christen sind die größte religiöse Minderheit des Landes

Auf Java, wo die Mehrzahl der Muslime zu Hause ist, unterscheidet man zwischen zwei Gruppen: Die *santris* sind eine orthodoxe Gemeinschaft, die gemäß den fünf Säulen des Islam lebt. Sie tragen ihr Glaubensbekenntnis stets auf den Lippen, sie verrichten fünfmal täglich das Gebet, sie unternehmen wenn möglich eine Pilgerfahrt nach Mekka, sie geben Bedürftigen Almosen und befolgen das Fastengebot im Monat Ramadan.

Indonesien ist das Land mit den meisten Muslimen der Welt

Die andere Gruppe, die nominell zu den Muslimen gezählt wird, hängt der sogenannten javanischen Religion *(Agama Java)* an, eine Art hindu-javanischen Mystizismus, und ist in Zentral- und Ostjava beheimatet. Hier, wo die indischen Religionen immer noch in Gestalt der großen Heiligtümer präsent sind, wo in Tanz und Schattenspiel noch immer die alten Hinduepen erzählt werden, wo die Geschichte von Rama und Sita bekannter ist als die Worte des Propheten, wo Mystik, Geisterverehrung und Ahnenglaube wichtiger Bestandteil des religiösen Lebens sind, haben fundamentalistische Prediger keine Chance.

Die Anhänger des Agama Java verehren die Meeresgöttin Nyai Loro und bringen ihr Opfer dar

Kultur gestern und heute

Schon früh erreichten indische Einflüsse das Inselreich. Brahmanen und buddhistische Mönche brachten mit Hinduismus und Buddhismus auch Schrift, Literatur und Tempelbaukunst mit. Die mächtigen indonesischen Reiche entwickelten eine blühende höfische Kunst, auf Java entstanden ab dem 8. Jh. prächtige Tempelanlagen. Dem Geist Indiens begegnet man noch heute im Kunstschaffen Javas und Balis. Mit dem Islam kam die arabische Ornamentik, deren Einflüsse sich besonders im Kunsthandwerk, in der Schmiedekunst und der Stoffkunst bemerkbar machten. Auch als sich die Lehre Mohammeds mehr und mehr durchsetzte, bedeutete dies nicht, daß die stärksten Kunstformen des Archipels – Wayang-Theater, Maskentänze und -zeremonien, deren Wurzeln gar noch in der vorhinduistischen Zeit liegen, an Bedeutung verloren hätten. Die klassische hindu-javanische Kultur ist auch im muslimischen Indonesien sehr lebendig. Eine eigenständige Architektur, eigene Tänze und kunsthandwerkliche Techniken haben auf der Basis ihrer Glaubensvorstellungen die Völker der Außeninseln entwickelt.

Architektur

Die wichtigsten Sakralbauwerke stammen aus der hinduistisch-buddhistischen Periode (ca. 1.–16. Jh.), und ihre Meisterwerke, allen voran Borobudur und Prambanan, stehen in Zentraljava. Die dortigen Tempel orientieren sich noch stark am indischen Vorbild, während sich die ostjavanischen Tempel aus der Majapahit-Periode immer mehr von diesem Vorbild lösen. Die Hindutempel auf Bali schließlich haben nichts mehr mit den Tempeln im Mutterland des Hinduismus zu tun und erinnern eher an vorhinduistische Opferplätze.

Mit dem Islam kamen viele neue Anregungen, die vor allem in der Ornamentik ihre Spuren hinterließen. Bis auf wenige Ausnahmen schmucklos sind jedoch die Moscheen. Die unscheinbaren Kuppelbauten, meist ohne Minarett, mit ihren rostenden Wellblechdächern haben wenig mit orientalischen Prunkbauten gemeinsam.

Ein typisches Element javanischer Baukunst sind die *pendopos,* offene Säulenhallen, die in den Fürstenpalästen, den *kratons,* aber auch in vornehmeren Wohnhäusern zu finden sind. Das Wohnhaus der einfachen Bevölkerung ist traditionell in Java wie in Bali ebenerdig und aus Lehmziegeln errichtet.

Auf vielen der Außeninseln dominiert aus praktischen Gründen das Pfahlhaus: Der Wohnraum ist vor Ungeziefer, in der Regenzeit vor eindringendem Wasser geschützt, und der unter dem Wohntrakt entstehende Raum kann als Vorratsraum oder zur Tierhaltung genutzt werden. Toraja, Minangkabau oder Batak sind bekannt für ihre phantasievollen Hauskonstruktionen mit aufwendigen Schnitzarbeiten. Doch auch an der Architektur der Naturvölker ist die Zeit nicht spurlos vorbeigegangen, aus Kostengründen wird heutzutage auf Schnitzwerk verzichtet, das Dach aus Naturmaterialien wird durch ungesundes, aber billiges Wellblech ersetzt. Doch wer eines der meist dunklen und stickigen Häuser von innen gesehen hat, kann verstehen, warum die moderne Allerweltsbauweise nicht nur aus Kostengründen immer mehr Anhänger findet.

Daß die Langhäuser der Dayak, die oft ein ganzes Dorf beherbergten, fast schon der Vergangenheit angehören, hat allerdings noch andere Gründe: Die Angst der Herren aus Jakarta, die in diesen „Kommunen" Keimzellen des Kommunismus vermuteten, ließ sie den Bau von Kleinfamilienhäusern fördern.

Elemente der traditionellen Häuser werden allerdings seit einigen Jahren von modernen Architekten wiederaufgenommen.

Literatur

Die Literaturgeschichte Indonesiens beginnt im 10. Jh. mit der Übersetzung der Hinduepen *Ramayana* und *Mahabharata* ins Javanische. Beide Epen, vor unserer Zeitrechnung entstanden, erzählen vom Kampf zwischen guten und bösen Mächten. Im Ramayana (s. S. 57) stehen sich der edle Rama und der Dämonenfürst Rawana gegenüber. Das Mahabharata berichtet vom Kampf zwischen den Pandava und den Kaurava, zweier verfeindeter, aber verwandter Sippen, der mit dem Sieg der edlen Pandava endet. Die beiden Epen, auf Java und Bali jedem Kind bekannt, sind auch heute noch das beliebteste Thema vieler Tanzdramen und Wayang-Aufführungen.

Ab dem 11. Jh. entstanden hindu-javanische und islamische Legenden, die in erster Linie die herrschende Klasse verherrlichten.

Erst im 20. Jh. begann sich eine moderne indonesische Literatur zu entwickeln. Bahasa Indonesia wurde zum Ausdrucksmittel einer jungen Nation, die um ihre Unabhängigkeit kämpft. Der bedeutendste Lyriker dieser Zeit ist *Chairil Anwar* (1922–1945; „Feuer und Asche" heißt die deutsche Übersetzung aller seiner Gedichte). Publikumserfolge erzielten in einem Land, in dem Literatur zwischen Buchdeckeln keine Tradition hat, ab den späten 50er Jahren die sozial und politisch engagierten Texte von *Mochtar Lubis* (geb. 1922; „Dämmerung in Jakarta", „Tiger, Tiger") und *Pramoedya Ananta Toer* (geb. 1925; „Garten der Menschlichkeit", „Kind aller Völker"). Der politische Umsturz 1965 machte der engagierten Literatur den Garaus, lange Haftstrafen und Verbannungen waren das Los kritischer Autoren. Pramoedya Toers großartiges Werk ist in seiner Heimat

Relief am Prambanan, dem beeindruckendsten hinduistischen Monument Indonesiens

Die Technik des Batikens ist auf Java zu Hause

Traditionelle Architekturelemente finden Eingang in modernen Bauten

nach wie vor verboten, wird aber in Raubkopien unter den Tischen der Studenten als ein Zeichen des Aufbegehrens gegen die Zensur weitergereicht.

Malerei

Nur auf Bali hat die Malerei eine Tradition. Bis in die 30er Jahre des 20. Jhs. malte man ausschließlich im *wayang*-Stil: Die Figuren entstammen der Mythologie und sind zweidimensional und im Dreiviertelprofil dargestellt. Auftragsarbeiten der Fürsten zur Ausschmückung von Tempeln und Palästen wurden von einem Kollektiv ausgeführt. Eine Bewegung hin zu neuen Inhalten und neuen Techniken vollzog sich mit der Ankunft europäischer Künstler, die die Balinesen ermutigten, neue Themen und Materialien auszuprobieren und perspektivisch zu malen. In zunehmendem Maße trugen die Bilder nun individuelle Züge. Mit dem Zeitalter des Massentourismus hielt auch die Massenproduktion Einzug, doch hat die Insel auch herausragende Künstlerpersönlichkeiten hervorgebracht, die das balinesische Erbe auf eine sehr persönliche Art aufnehmen und weiterführen – allen voran Nyoman Gunarsa (geb. 1944).

In Java hatte religiös motivierte Skepsis gegenüber der Abbildung von Lebewesen lange die Entwicklung der Malerei beeinträchtigt. Mit Beginn des 20. Jhs. kam man vermehrt mit europäischen Kunstströmungen in Kontakt, die in unterschiedlichem Umfang kopiert wurden. Zu den genialsten Künstlern dieses Genres gehörte der im Ausland wohl bekannteste indonesische Maler Affandi (1907–1990).

Heute experimentieren moderne Künstler mit westlichen Kunststilen, verlieren dabei aber nicht den Bezug zum traditionell indonesischen Kunsthandwerk. So wird die alte Technik des Batikens in Zentraljava mehr und mehr für Bilder verwendet, die über die Klischeemotive für den Souvenirmarkt hinausgehen.

Gamelan

Vielfältig sind die musikalischen Traditionen im Archipel, aber keine Musikform erlangte solche Berühmtheit wie die Gamelan-Musik, die traditionelle höfische Musik Javas und Balis. Der Name leitet sich vom altjavanischen Wort *gamel* (= Hammer) ab. Bis zu vierzig Musiker spielen hauptsächlich Schlaginstrumente. Melodieführend sind Metallophone mit Bambusresonanzkörpern *(gender)* und kleine Kesselgongs *(bonang)*, dazu gesellen sich Xylophone *(gambang)*, Gongs, Trommeln *(kendang)*, bisweilen auch ein zweisaitiges Streichinstrument *(rebab)* und eine Bambusflöte *(suling)*, auf Java sogar manchmal eine Frauenstimme.

Sehr fremde Klänge sind es zunächst, die in zwei verschiedenen Tonleitern dargeboten werden, dem siebenstufigen *Pelog* und dem fünfstufigen *Slendro*. Langsam und getragen sind die Klänge des javanischen Gamelan – ein Abbild der dortigen Mentalität, die immer auf Ausgleich und Harmonie bedacht ist –, leidenschaftlich dagegen sind sie auf Bali. Die Musik begleitet das Geschehen auf der Bühne und stimmt den Betrachter auf die Handlung von Tanz- oder Theateraufführungen ein.

Tanz für Götter und Geister

Schon seit grauer Vorzeit werden wichtige Ereignisse im Leben des einzelnen und der Gemeinschaft von zeremoniellen Tänzen begleitet. Auch heute noch sind im indonesischen Tanz(theater) die Grenzen zwischen religiösem Ritus, Kunst und Unterhaltung fließend. Durch die Verbreitung von Islam und Christentum gingen Tänze verloren, andere büßten ihren magischen Hintergrund ein und wandelten sich von zeremoniellen Riten zu geselligen Volkstänzen. Die meisten der Tänze altindonesischer Volksgruppen sind in ihrem

Bewegungsrepertoire beschränkt auf einfache Schritt- und Sprungbewegungen, Imitation von Tierbewegungen und einfache Formationstänze, wie man sie beispielsweise bei den Toraja oder Batak erleben kann.

Überall im Archipel nehmen durch den weit verbreiteten Animismus Tänze, die der Geisterbeschwörung dienen, sei es zur Vertreibung von Krankheiten oder einfach als Bitte um Wohlwollen von Göttern und Geistern einen breiten Raum ein. Bekanntestes Beispiel dafür ist das balinesische *Barong*-Tanzdrama. Eingebettet in Erzählungen aus den Hinduepen und dargeboten in klassischem Tanzstil wird es bis zum heutigen Tag als Austreibungszeremonie für böse Geister initiiert, wenn die Dorfgemeinschaft bedroht ist. Thema ist der uralte Kampf zwischen Gut und Böse in Gestalt zweier Fabelwesen: Barong und Rangda, der Vertreterin der schwarzen Magie. Der Kampf zwischen den beiden Mächten endet unentschieden.

In Java und Bali entwickelte sich aus alten Stammestänzen durch das Eindringen klassisch-höfischer Tanzkunst vor allem aus Indien eine eigene Hochkultur des Tanzes.

Der javanische Tanz, ab dem 17. Jh. an den Fürstenkratons entstanden, ist ein höfischer Tanz mit ernsthaften, getragenen Bewegungen, leidenschaftslos, aber in vollendeter Kontrolle des Körpers vorgetragen. Beim Tanztraining im Fürstenpalast von Yogyakarta kann man sich jeden Sonntagmorgen ein Bild von der Körperbeherrschung der Tänzer machen. Wenn Sie in einer sommerlichen Vollmondnacht in Yogyakarta sind, lassen Sie sich vom berühmten *Ramayana-Ballett*, vor der Kulisse des Prambanan verzaubern.

Auf Bali ist Tanz nach wie vor Bestandteil des Lebens, unverzichtbar bei Tempelzeremonien oder privaten Festen – Tanzkunst ist Volkskunst und nicht wie auf Java das Privileg einer höfischen Schicht, ihre Formensprache ist ungleich lebendiger und leiden-

Zentrum der Malerei ist Ubud auf Bali

Die Klänge des Gamelan sind typisch für Java und Bali

Früh übt sich, wer eine Meistertänzerin werden will

schaftlicher. Einer der attraktivsten Tänze ist der klassische *Legong,* der von einer verirrten Prinzessin berichtet, die von einem König umworben wird. Noch heute ist es der Traum vieler Mädchen, einst eine große Legongtänzerin zu werden. Der Unterricht beginnt im frühen Kindesalter, denn mit Eintritt der Menstruation ist die Karriere bereits beendet. Eine starke Faszination geht auch vom *Kecak* aus, der aus einem uralten Beschwörungsritus entstand. Ein Chor aus 100 Männern ersetzt das Gamelanorchester und ihr monotones Ke-cak-ke-cak begleitet Szenen aus dem Ramayana.

Authentische Aufführungen finden anläßlich von Festen meist zu nachtschlafender Zeit statt, doch auch die eigens für Touristen zugeschnittenen Darbietungen haben meist ein sehr hohes Niveau – und dank der Einnahmen kann man die Götter beim nächsten Fest mit noch prächtigeren Kostümen erfreuen.

Wayang – Theater zwischen Kult und Kommerz

Der Begriff *wayang* läßt sich mit „Schatten" übersetzten, und tatsächlich ist das *Wayang kulit* („Schatten aus Leder") die älteste Form des Wayang, aber längst nicht die einzige. In Westjava genießt das Spiel mit Stabpuppen große Popularität *(wayang golek),* und daneben haben auch das Maskenspiel *(wayang topeng)* und das Tanzdrama *(wayang orang)* ihre Fans.

Längst wird der Begriff Wayang synonym mit Theater verwendet. Die Wurzeln des Wayang reichen bis in vorhinduistische Zeiten; mit Hilfe der Schatten wurden die Geister der Ahnen angerufen und um Unterstützung gebeten, und auch heute umgibt den Tanz der Schatten vielfach die Feierlichkeit eines sakralen Ritus. Doch das Spiel wurde auch immer für andere Zwecke benutzt: Hinduistische Herrscher

brachten dem Volk im Schattenspiel die indische Religion näher, der Islam die Lehre Mohammeds, christliche Missionare erfanden das Wayang katolik, und die Regierung setzt das Theater zu Propagandazwecken ein, beispielsweise um auf das Familienplanungsprogramm aufmerksam zu machen.

Kunsthandwerk

Schmiedekunst: Von der Kunstfertigkeit der *Silberschmiede,* die die schönsten Filigranarbeiten herstellen, kann man sich noch heute in Kota Gede (bei Yogyakarta) oder Celuk (Bali) überzeugen. Traditionell höchstes Ansehen aber besitzt der *Krisschmied,* der im Rang eines Priesters steht. Der Kris ist ein heiliger Zeremonialgegenstand, das „Zweite Ich" seines Besitzers, imstande, einen unrechtmäßigen Besitzer zu vernichten. Die kostbare Klinge, gerade oder geflammt, entsteht durch die Verschmelzung normalen und nickelhaltigen Eisens, begleitet von rituellen Handlungen. Was einst fester Bestandteil der Kleidung eines Mannes war, wird heute nur noch anläßlich besonderer Festtage getragen – unverkäuflich ist ein beseelter Kris auch heute noch.

Holzschnitzerei: Viele Völker im Archipel sind Meister in der Kunst der Holzbearbeitung. Die Häuser der Batak und der Toraja sind mit kostbaren Schnitzereien verziert. Kultische Objekte aus Holz spielen bei Dayak und Dani eine große Rolle. Masken und Skulpturen werden vielerorts magische Kraft zugeschrieben. Die erlesensten Objekte aber stellen die balinesischen Holzschnitzer her, die ihre Themen meist dem hinduistischen Götterkreis entnehmen.

Stoffbearbeitung: Batik, Ikat, Songket, Endek ... die Liste der Stoffbearbeitungstechniken in Indonesien ist lang. Wegen ihrer Schönheit werden die Stoffe in aller Welt geschätzt, den Indonesiern selbst sind die edelsten Stoffe religiöse Kultobjekte, deren Herstellung mit rituellen Handlungen verbunden ist. Sie werden nur anläßlich besonderer Zeremonien getragen oder begleiten Mitglieder einer Kultgemeinschaft durchs Leben.

Batik: Zentrum der Batikverarbeitung ist Java, wo diese Ausspartechnik (von Mbatik = „mit Wachs zeichnen"), aus Indien oder China kommend, nachweislich seit dem 16. Jh. heimisch und bis heute wichtiges Element der kultu-

Die Magie der Schatten

Zwei Stunden nach Sonnenuntergang beginnt sich die Versammlungshalle des kleinen Dorfes bei Yogyakarta zu füllen. Es duftet nach Kretek-Zigaretten und Sate-Spießchen. Man macht es sich auf Matten bequem, gilt es doch eine ganze lange javanische Nacht auszuharren. Obwohl den Zuschauern die Handlung seit frühester Kindheit vertraut ist, ist jedes Wayang-Spektakel ein Ereignis, das mit Spannung erwartet wird.

Der Dalang, der Zeremonienmeister der Nacht, haucht, begleitet von den Klängen des Gamelanorchesters, den Puppen Leben ein. Er läßt sie tanzen, er verleiht ihnen Stimmen, die ihrem Charakter und ihrer sozialen Stellung entsprechen, er singt und dirigiert das Orchester. Einige Dalang fertigen ihre Puppen gar selbst an. Eine Lampe spendet das Licht, das die Schatten auf die Leinwand wirft. Die Puppen aus Büffelleder sind stolzer Besitz des Dalang, so mancher hat über 500 bunt bemalte Exemplare. Niemand kann alle Figuren kennen, aber das fachkundige Publikum sieht auf den ersten Blick anhand der Gesichtszüge und der Bemalung, ob es sich um einen Edlen oder einen Schurken handelt.

Erzählt werden auch heute noch mit Vorliebe Szenen aus den alten Hinduepen Ramayana und Mahabharata. Gegen Mitternacht zeigt das Publikum erste Ermüdungserscheinungen – Zeit

für den Auftritt von *Semar* und seinen Söhnen, Männern aus dem Volk, die den neuesten Dorfklatsch zum besten geben und auch mal die Tagespolitik kommentieren. Das Improvisationstalent des Dalang in der Rolle des Semar entscheidet letztlich über den Erfolg der Aufführung. Semar genießt allerdings keine Narrenfreiheit, man schaut ihm von Regierungsseite regelmäßig aufs Maul. Der Morgen graut bereits, wenn die Helden zur Entscheidungsschlacht blasen, und letztlich wird, wie sollte es anders sein, das Gute über das Böse siegen.

Im Zeitalter von Kino, Video und Fernsehen werden traditionelle Aufführungen seltener. In den Großstädten hat das Interesse am Wayang nicht nachgelassen, aber es wird zunehmend entmythisiert, indem man Vorführungen kürzt und somit dem großstädtischen Arbeitsrhythmus anpaßt und Eintrittspreise erhebt. Fernseh- und Hörfunkaufzeichnungen von Wayang-Aufführungen tun ein übriges. Der Trend geht vom religiösen Zeremoniell zur Abendunterhaltung.

Aber noch gibt es die ganz besonderen Festtage, die nach einer Wayang-Aufführung mit allem Drum und Dran verlangen, die eine ganze lange javanische Nacht die Zuschauer zum Lachen bringen, sie das Fürchten lehren, sie verzaubern und der Welt der Götter ein bißchen näherbringen ...

rellen Identität ist. Die Stellen eines Stoffes, bei bei der ersten Einfärbung keine Farbe annehmen sollen, werden mit Wachs abgedeckt, und zwar auf zweierlei Art und Weise: Beim *batik tulis* wird das Motiv mit Hilfe eines pfeifenähnlichen Auslaufgefäßes gezeichnet, eine Arbeit, die von Frauen ausgeführt wird; die zeitsparende, aber kräfteaufwendigere Methode des *batik cap* ist Männerarbeit, gilt es doch, das Wachs mit Hilfe eines kupfernen Motivstempels aufzudrucken. Mit einem kleinen Messer oder durch Auskochen des Stoffes wird die Wachsschicht nach dem Färben wieder entfernt. Dieses Verfahren ist für jede Farbe des fertigen Stoffes notwendig. In vielen Batikwerkstätten in Zentraljava können Sie zuschauen. Vorsicht beim Batikkauf auf dem Markt – Vieles, was wie Batik aussieht, ist ein bedruckter Stoff, der nie mit Wachs in Berührung gekommen ist!

Ikat: Die Tradition des „Abbindens" ist fast im gesamten Archipel verbreitet. Bei dieser Kunst werden nicht die fertigen Stoffe, sondern die Fäden bereits vor dem Weben nach einem bestimmten Muster eingefärbt. Schuß- und/oder Kettfäden werden mit Pflanzenfasern zusammengebunden, die ähnlich wie Wachs die Einfärbung verhindern. Das Procedere ist ähnlich wie beim Batiken: Abbinden und Einfärben werden mehrmals wiederholt, je nachdem, wie viele unterschiedliche Farben beabsichtigt sind.

Die Geschicklichkeit der Frauen ist in besonderem Maße gefordert, wenn es darum geht, die hochkomplizierten *Doppelikat* herzustellen, bei denen die Muster von Kett- und Schußfäden in Einklang gebracht werden müssen – eine Technik, die nur noch im balinesischen Dorf Tenganan bekannt ist. Mehrere Jahre brauchen die wenigen Frauen, die diese alte Kunst noch beherrschen, begleitet von langen Ritualen, um die kostbaren Zeremonialgewänder, *kain geringsing* („Krankheit abwehrend") genannt, herzustellen.

Essen und Trinken

Nach Sonnenuntergang füllen sich die Gehsteige der Straßen von Yogyakarta mit Menschen und Wohlgerüchen. Die *warung,* mehr oder weniger improvisierte Garküchen unter freiem Himmel, bauen ihre Bänke und Feuerstellen auf. Beim Schein der Öllampen sitzt man zusammen, um zu schlemmen und zu schwatzen. Es duftet nach *kretek,* den knisternden indonesischen Nelkenzigaretten, nach über dem Holzkohlenfeuer schmorenden Sate-Spießchen und nach dem Kokosöl, in dem Gemüse, köstlicher Fisch oder Bananen gebraten werden.

Der *warung* ist das Zentrum der indonesischen Eßkultur, die Kneipe oder das Café des Indonesiers. Die größeren verfügen über Glasvitrinen, in denen man die Gerichte aussuchen kann, die kleineren haben sich oft auf ein bestimmtes Gericht spezialisiert, so daß man von einem Stand zum anderen wandern kann, hier eine *soto ayam* (Hühnersuppe), dort ein Reisgericht und am dritten vielleicht eine gebratene Banane *(pisang goreng)* probieren kann.

Fest installierte Restaurants findet man unter der Bezeichnung *rumah makan* oder *restoran;* sie lassen auf ein höheres Preisniveau, keinesfalls jedoch auf ein anders Speiseangebot und schon gar nicht auf bessere Küche schließen.

Man ißt traditionell mit der rechten Hand oder aber mit Löffel und Gabel, in chinesischen Restaurants mit Eßstäbchen.

Die Küchen vieler Völker haben in Indonesien ihre Spuren hinterlassen. Viele Currrezepte weisen auf den indischen Einfluß hin, zahllose chinesische Restaurants zeugen von der Präsenz dieser Volksgruppe. Die Muslime schließlich sorgen dafür, daß Schweinefleisch auf indonesischen Speisekarten eine Rarität ist. Jede Region hat ihre eigenen Spezialitäten. Die Balinesen beispielsweise sind Meister im Zubereiten von *babi guling,* einer Spanferkelvariante. Die Batak schwören auf Hundefleisch, und man muß nach Yogya fahren, um *gudeg* zu kosten, eine Spezialität aus dem Fleisch der Jack-Frucht.

Die sundanesische Küche ist auch etwas für das Auge

Zum gastronomischen Angebot jedes Dorfes, jedes Stadtviertels gehört cin *Padang*-Restaurant. Die Gaumenfreuden aus Westsumatra sind würzig, brennende Zungen sind oft das Resultat der ersten Bekanntschaft mit der gnadenlose Schärfe der Chiligerichte, aber nach der ersten Gewöhnung sind Begeisterungsstürme garantiert. Bei den Padang-Köchen wählt man kein bestimmtes Gericht, sondern bedient sich an der Auswahl von Speisen, die auf den Tisch gestellt wird, und bezahlt, was man verzehrt hat. Mit der französischen Küche hat die *Masakan Padang* nicht nur die geschmackliche Exklusivität gemeinsam. Wer speisen will, wie Gott in Indonesien, der muß – zumindest für indonesische Verhältnisse – etwas tiefer in die Tasche greifen.

Bunte Reiskuchen

Essen ist in Indonesien gleichbedeutend mit Reis essen, unabhängig von sozialer Schicht und Tageszeit. Das seit mehr als 2000 Jahren auf den Inseln kultivierte Getreide, in gekochter Form als *nasi* bezeichnet, gibt es als *nasi putih* (gekocht, ohne Zutaten) oder als *nasi goreng* (gebratener Reis mit Gemüse und/oder Fleisch, Fisch, Eiern). Zu den Gerichten, die auf vielen Speisekarten auftauchen, gehört auch *nasi campur* (gemischter Reis), eine „Rijstafel en miniature", denn zum Reis werden hier Leckereien unterschiedlichster Art, je nach Saison und Region, serviert. Beliebte Beilagen sind *tahu* (Tofu) oder *tempe,* beides aus Sojabohnen hergestellt und wichtige Protein-

lieferanten in einem Land, in dem Fleisch für die meisten eine Festtagsspeise ist.

Gado gado ist gedünstetes Gemüse mit Erdnußsauce, und Erdnußsauce krönt auch die über dem Holzkohlenfeuer gegrillten *sate*-Spießchen. Keine indonesische Reistafel ohne frisches Gemüse: *Cap Cai* ist die indonesische Antwort auf das chinesische Chop Suey. Den Chinesen hat die indonesische Küche auch die Nudeln zu verdanken, als *mie goreng* (gebratene Nudeln) längst zum Klassiker avanciert. Die rechte Würze verleiht *sambal*, eine höllisch scharfe Paste aus Chilischoten, ohne die die indonesische Küche nicht denkbar ist.

Zum Nachtisch greife man in den Früchtekorb: Neben so vertrauten Exoten wie Banane, Ananas, Papaya, Mango oder Passionsfrucht locken Mangosteen, Rambutan oder Salak. Einzig an der Götterfrucht Durian scheiden sich die Geister: Sie stinke wie die Hölle und schmecke wie der Himmel heißt es – bilden Sie sich Ihr eigenes Urteil!

Als kleine Snacks zwischendurch bieten sich frisch gebratene Bananen (*pisang goreng*), *seri kaya* (gedämpfter Kokospudding) oder *onde onde* (gefüllte Reismehlkugeln) an. Je süßer, desto besser . . .

Vergessen Sie nicht, die Köche zu loben: „enak" bedeutet „lecker"!

Gegen den Durst trinken die Indonesier Wasser oder schwarzen Tee, der in auf Java und Sumatra angebaut wird. Kaffee, schon lange wichtiger Exportartikel, wird, zubereitet auf orientalische Art, auch im eigenen Land beliebter.

Alkohol spielt auch dort, wo der Islam nicht den Zeigefinger erhebt, keine große Rolle. Nichtsdestotrotz ist das einheimische Bier gut, und in christlichen Regionen wie dem Torajaland sollte man nicht versäumen, Palmwein *(tuak)* frisch vom Baum und serviert im Bambusrohr, zu probieren. Eine Spezialität Balis sind Reiswein *(brem)* und der daraus destillierte Schnaps *(arak)*.

Urlaub aktiv

Trekking

Trotz des schweißtreibenden Klimas, Indonesien mit seinen Vulkanen und Dschungelgebieten ist ein wunderbares Land zum Wandern! Nur muß man sich darüber im klaren sein, daß Wanderwege und Wanderkarten hier noch Projekte für die ferne Zukunft sind. Einfache Wanderungen inmitten der Reisterrassenlandschaften Javas, Balis oder Sulawesis kann man problemlos auf eigene Faust unternehmen, auch Vulkane wie der Batur auf Bali oder der Bromo in Ostjava sind leicht und ohne Führer zu erobern. Plant man jedoch Wanderungen in Nationalparks, sollte man sich unbedingt an die zuständige Parkverwaltung wenden, oft werden ein oder mehrtägige Dschungelwanderungen mit Führung angeboten. Bei Vulkanbesteigungen, die mehrere Tage in Anspruch nehmen (z. B. des Rinjani auf Lombok), sollte man nicht allein, sondern nur mit Führer gehen. Bei Vulkanbesteigungen und Dschungwanderungen sind feste, knöchelhohe Schuhe unabdingbar. Ausrüstungsgegenstände wie Zelt, Schlafsack etc. kann man vor Ort ausleihen.

Tauchen und Schnorcheln

Viele der Inseln im Archipel sind von Korallenriffen umgeben – ein Paradies für Taucher und Schnorchler. Auf Bali gibt es mehrere Veranstalter, die sich auf Tauchtourismus spezialisiert haben, Kurse anbieten und Fahrten zu den schönsten Tauchgründen veranstalten und natürlich Ausrüstungen ausleihen.

Ein kleines Hotel unter deutscher Leitung hat sich auf Tauchferien spezialisiert: Alam Anda, Sambirenteng (☎ 03 61/75 22 96; in Deutschland ☎ 0 48 81/93 06 33, 🖷 93 06 99; Ⓢ). Aus der Schweiz kommen Manager und Küchenchef des luxuriösen Matahari Beach Hotel an der Nordwestküste, das Tauch- und Schnorchelausflüge u. a. auf die Insel Menjangan anbietet (☎ 03 62/9 23 12, 🖷 9 23 13; in Deutschland ☎ 0 40/86 66 78 50, 🖷 86 89 95; Ⓢ).

Schnorchler finden in vielen balinesischen Badeorten (Candi Dasa, Lovina) gute Möglichkeiten, direkt vom Strand aus erste Erkundungen zu machen.

Tauchtrips nach Ostindonesien mit der „Baruna Explorer" werden von Baruna Water Tours (Denpasar, ☎ 03 61/75 38 20, 🖷 75 38 09) organisiert.

Weltruf unter Tauchern genießen auch die Tauchgründe in Nordsulawesi; dort locken u. a. Unterwasservulkane. Ein herrlicher Platz für einen Tauchurlaub ist das Nusantara Diving Centre am Molas Beach (bei Manado, ☎ 04 31/6 39 88, 🖷 6 03 68; Ⓢ).

Wanderer finden ein Paradies in der Bergwelt und den Regenwäldern Indonesiens

Surfen

Balis Wellen bieten Anfängern wie Könnern auf dem Brett gute Bedingungen. Wer den Rummel nicht mag, findet auf der Sumatra vorgelagerten Insel Nias sein Paradies. Bretter können ausgeliehen werden.

Golf

50 internationale Golfplätze hat Indonesien zu bieten. Bali Handara im Hochland Balis gehört zu den schönsten der Welt. Gastspieler sind willkommen.

Rafting

Wer Wildwasserfahrten mag, kommt auf Sumatra (Alas River) und auf Sulawesi (Sadan River) auf ihre Kosten. Anfänger können sich auf Balis Ayung River wagen; die Organisation ist perfekt, die Trips sind in jedem Hotel buchbar. Der Telaga Waja River in Karangasem fordert mit der Schwierigkeitsstufe 4

An Tanzkursen können auch Sie teilnehmen

Am Strand von Parangtritis

schon etwas mehr (Bali Safari Rafting, ☎ 22 13 15).

Sprachkurse

Wer sich in abgelegene Regionen wagt, sollte unbedingt ein paar Lektionen Bahasa lernen. Sehr gute Kurse bietet Puri, Indonesian Language Plus, Kompleks Kolombo 4, Yogyakarta, ☎, 📠 02 74/58 37 89.

Musikkurse

Wer sich für indonesische Musik interessiert, kann Unterrichtsstunden im Ganesha Bookshop an der Jl. Raya in Ubud (Bali) buchen. In Yogyakarta können Sie im Kulturzentrum Purawisata (Jl. Brigjen, ☎ 37 40 89) eintägige Schnupperkurse für javanische Musik und javanischen Tanz belegen.

Tanzkurse

Auf Bali unterrichtet die junge Tänzerin Oka nach Absprache Ausländer im balinesischen Tanz (Ubud, Jl. Kajeng 25, ☎ 03 61/9 62 77). Im Kulturzentrum Purawisata in Yogyakarta gibt es Einführungskurse (s. Musikkurse).

Meditationskurse

Jeden Abend im Meditation Shop (in Ubud auf Bali, Monkey Forest Rd., ☎ 03 61/97 56 34, 17–21.30 Uhr); es werden auch ein- bis fünftägige Kurse angeboten. In Yogyakarta können Sie im Kulturzentrum Purawisata meditieren.

Kochkurse

Kurse für Liebhaber der balinesischen Küche werden im Restaurant Casa Luna im Ortszentrum von Ubud angeboten (☎ 03 61/97 62 83).

Batikkurse

Eine Einführung erhalten Sie im Kulturzentrum Purawisata (s. Musikkurse) in Yogyakarta. Wer mehr lernen will, wende sich an Gapura, Batik Art (Yogyakarta, Taman Sari, Taman Kp. 3/177, ☎ 37 78 35).

Unterkunft

So unterschiedlich wie die Infrastruktur innerhalb des Archipels ist auch die Versorgung mit Unterkünften. Auf vielen der sogenannten Außeninseln müssen sich Reisende mit wenig Komfort begnügen. Einfache und einfachste Pensionen (*losmen* oder auch *penginapan* genannt), die mit nicht viel mehr als einem Bett und einer Glühbirne ausgestattet sind, sind hier oft die einzige Unterkunftsmöglichkeit.

Ein Badezimmer, oder vielmehr ein *kamar mandi,* eine Naßzelle im indonesischen Stil, ist allerdings oft vorhanden. Im Mandi finden Sie eine Hocktoilette und ein großes Wasserbecken, das Sie auf keinen Fall mit einer Badewanne verwechseln dürfen. Man seift sich vielmehr außerhalb des Beckens ein, schöpft dann mit einer Kelle Wasser aus dem Becken und gießt es sich über den Körper. Heißes Wasser und ein Ventilator gehören schon zur luxuriöseren Kategorie. Abseits der Touristenrouten, beispielsweise im Inneren Kalimantans, sollte man den *Kepala Desa,* den Dorfvorsteher, wegen der Vermittlung eines Privatzimmers aufsuchen.

Doch keine Angst, in touristisch gut erschlossenen Regionen haben Sie die Qual der Wahl. Selbst im Torajaland (Sulawesi) kann man in der Zwischenzeit im Luxushotel nächtigen, und auf Bali sind neben unzähligen kleinen Unterkünften und den großen Komplexen der Badehotels schon vor Jahren Luxusherbergen entstanden. Das teuerste Hotel ist aber nicht immer das beste, will man das Land wirklich kennenlernen, und oft wird der Aufenthalt im *homestay* mit Familienanschluß zum wahren Erlebnis des Urlaubs.

In der Nebensaison lassen viele Manager mit sich handeln, und bei längerem Aufenthalt ist immer ein Rabatt drin.

Reisewege

Anreise

Die indonesische Garuda, aber auch Lufthansa, KLM oder Singapore Airlines bieten Direktflüge aus Europa nach Medan (Nordsumatra), Jakarta (Java) und Denpasar (Bali) an. Chartermaschinen der LTU landen in Denpasar. Wer den Flug (15–18 Std.) durch einen Stopover in Asien unterbrechen möchte, kann in Bangkok oder Singapur unter mehreren Verbindungen täglich nach Indonesien wählen.

Reisen in Indonesien

Mit dem Flugzeug: Das Streckennetz von Garuda und den Inlandfluggesellschaften Merpati, Bouraq u. a. ist dicht. Wer international mit Garuda anreist, bekommt auf Inlandflüge 25 % Rabatt.

Auch nationale Flüge müssen Sie rückbestätigen. Die Flughafengebühren bei Inlandflügen liegt je nach Flughafen zwischen 5000 und 10 000 Rp.

Mit dem Schiff: Zwischen Nachbarinseln gibt es regelmäßigen Fährverkehr. Wer eine längere Schiffreise im Archipel machen möchte, erkundige sich nach den Passagierschiffen der staatlichen PELNI, die alle größeren Häfen anlaufen (PELNI, Jl. Gajah Mada 13, Jakarta, ☎ 0 21/3 84 43 42), oder nach Kreuzfahrtschiffen lokaler Anbieter; P&O Spice Island Cruises (Sanur, ☎ 03 61/28 62 83, 📠 28 62 84) z. B. fährt durch die Inselwelt von Nusa Tenggara .

Abenteuerlich und kostengünstig sind Fahrten mit Frachtschiffen, wie sie z. B. regelmäßig zwischen Surabaya und Balikpapan oder Ujung Pandang verkehren. Durch Herumfragen findet man direkt in den Häfen meist problemlos Schiffe, die Passagiere mitnehmen.

Der Java-Expreß

Becaks werden immer seltener

Viele schöne Bungalowanlagen erwarten die Besucher

Mit dem Zug: Über ein relativ dichtes Eisenbahnnetz verfügt lediglich Java. Die beiden Hauptrouten verbinden Jakarta und Surabaya, auf der Nordroute über Semarang bzw. auf der Südroute über Yogyakarta. Man fährt bequemer als mit dem Bus und trotzdem preisgünstig, zudem gehört die Strecke Bandung – Yogya (6–8Std.) zu den schönsten Zugstrecken Asiens. Es ist ratsam, Fahrkarten frühzeitig am Bahnhof oder in einem Reisebüro zu kaufen.

Mit dem Bus: Schnellbusse verbinden die wichtigsten Städte im Archipel (evtl. Fährverbindungen im Preis enthalten), die sog. Expreßbusse sind das wichtigste öffentliche Verkehrsmittel. Busfahren ist preiswert und unterhaltsam, Kontakt zur Bevölkerung ist garantiert, Sitzfleisch aber erforderlich. Der Kamikaze-Stil der Busfahrer ist allerdings gewöhnungsbedürftig und nichts für schwache Nerven. Wählen sie im Zweifelsfall die nicht nur kühleren, sondern auch bequemeren Aircondition-Busse. Platzreservierung wird empfohlen.

Mit dem Mietwagen: In den Metropolen sind die großen internationalen Leihwagenfirmen vertreten, billiger sind kleine Anbieter oder private Vermieter. Vorzulegen sind bei Vertragsabschluß in der Regel der internationale Führerschein und eine Kaution (evtl. statt dessen eine Kreditkarte), der Abschluß einer Versicherung ist ratsam. Angesichts des in Indonesien herrschenden Linksverkehrs und der für Europäer ungewohnten Fahrweise ist nur geübten Fahrern zu empfehlen, sich in das Abenteuer Straßenverkehr zu stürzen. Vor Vertragsabschluß sollte man sich bei einer Probefahrt davon überzeugen, daß der Wagen (vor allem die Bremsen!) in gutem Zustand ist.

Alle Vorsichtsmaßnahmen gelten in gesteigertem Maße beim Ausleihen eines Motorrades (Helmpflicht!).

Tankstellen der staatlichen Ölgesellschaft Pertamina sind auf Bali oder im Umkreis von Yogya wie Pilze aus dem Boden geschossen. In abgelegeneren Regionen weist das Schild „Premium" den Weg zum Benzin.

Öffentlicher Nahverkehr: Im Kurzstreckenbereich fahren unzählige Minibusse (je nach Region als Colt, Oplet, Mikrolet o.ä. bezeichnet), im Stadtverkehr *Bemos* (kleine überdachte Pickups), die in der Regel zwar eine feste Route, aber keine festen Haltestellen haben. Durch ein Handzeichen signalisiert man dem Fahrer zu halten. Den Fahrpreis erfragt man am besten bei Mitreisenden und drückt dem Bemo-Boy das abgezählte Geld in die Hand, denn sonst zahlt man als Ausländer sicher mehr. Bequem ist eine Fahrt in den hoffnungslos überfüllten Fahrzeugen nicht, schon gar nicht mit großem Gepäck, ein Erlebnis ist sie allemal.

Becaks (Fahrradtaxis), die indonesische Variante der indischen Rikschas, werden aus den Stadtzentren verbannt, weil sie den ständig anwachsenden Autoverkehr behindern. Sie sind die Taxis des kleinen Mannes und das ideale Verkehrsmittel, um beispielsweise eine Stadt wie Yogya zu erkunden. Europäer haben oft Skrupel, in das ungewohnte Gefährt einzusteigen, aber ein Becak-Fahrer ohne Kunden ist ein Becak-Fahrer ohne Verdienst. Der Preis für die Strecke ist Verhandlungssache, auch hier wird von Ausländern etwas mehr verlangt. Zahlen Sie nicht jeden Phantasiepreis, aber bedenken Sie, daß Europäer in der Regel auch eine größere Last darstellen als die zierlichen Indonesier.

Vor allem in ländlichen Gebieten sind auch Pferdewagen *(dokar)* noch ein gängiges Verkehrsmittel.

Lizensierte *Taxis,* mit Taxameter ausgestattet, gibt es in Jakarta und einigen wenigen Haupttouristenregionen. Anderswo sind Taxis nichts anderes als gecharterte Minibusse mit Fahrer, die tage- oder stundenweise verpflichtet werden – Preis Verhandlungssache!

Im Hafen von Jakarta

Jakarta

Der Moloch aus vielen Dörfern

Ein Blick vom Monas-Monument offenbart es – Jakarta ist eine riesige Ansammlung von Kampung, von Dörfern, durchsetzt mit Hochhäusern und Stadtautobahnen, ein Stadtgebiet riesiger Ausdehnung ohne eigentliches Zentrum. Luxusappartements liegen neben den Slums der Zuwanderer, die täglich zu Hunderten auf der Suche nach Arbeit in die Metropole strömen. Mehr als eine Million Fahrzeuge verstopfen die Straßen, die Luftverschmutzung ist besorgniserregend. Trinkwasser ist für viele Menschen zum Luxus geworden, die Müllberge wachsen. Aus der beschaulichen Kolonialstadt Batavia ist ein Moloch mit schätzungsweise 9 Millionen Einwohnern geworden. Ein Ende des Wachstums ist nicht absehbar, denn in Jakarta konzentrieren sich Macht und Geld im Inselreich, und hierher trägt man die Hoffnung auf ein besseres Leben oder zumindest auf ein Auskommen. Ein Aufenthalt in Jakarta ist keine Erholung, doch hier, wo die Probleme zu explodieren scheinen, liegt ein Schlüssel zum Verständnis Indonesiens, und schließlich hat die Landeshauptstadt ein paar Schätze zu bieten, die einen Aufenthalt in der Stadt mehr als rechtfertigen.

Geschichte

Jayakarta („Großer Sieg") nannten die Muslime den Hafenplatz, den sie 1527 den Portugiesen entrissen. Der kleine Ort am Ciliwung mauserte sich zu einem bedeutenden Pfefferausfuhrhafen. Anfang des 17. Jhs. kam es zu Auseinandersetzungen zwischen der holländischen VOC und den einheimischen Händlern. Der Konflikt gipfelte 1619 in der Zerstörung der Stadt durch den Generalgouverneur Jan P. Coen. Aus den Trümmern erwuchs Batavia, das mehr als 300 Jahre Kommandozentrale der Holländer sein sollte, zunächst in Regie der VOC und später als Hauptstadt Niederländisch-Ostindiens. Erst unter den Japanern erhielt die Stadt im Zweiten Weltkrieg ihren alten Namen zurück, oder vielmehr dessen Kurzform: Jakarta. Seit 1949 ist sie als Hauptstadt die *Ibu Kota*, die „Mutterstadt" der Republik Indonesien.

Die wichtigsten Sehenswürdigkeiten

*Taman Fatahillah

Der Platz ist Zentrum von Alt-Batavia, heute heißt der koloniale Teil Jakartas *Kota* („die Stadt"). 1619 gründete hier Jan Pieterszoon Coen auf den Trümmern Jayakartas, ein Abbild des heimischen Amsterdam, eine Stadt durchzogen von Kanälen, was sich im feuchtheißen Klima als katastrophale Fehlentscheidung erwies. Das Wasser zog die Moskitos magisch an, und aus der „Perle des Orients" wurde ein malariaverseuchter Platz, das „Grab der Holländer".

Der Platz ist eingerahmt von repräsentativen Kolonialbauten. Das *Stadthuis* an der Südseite, einst gleichzeitig Gerichtshof und Gefängnis, beherbergt heute das **Museum Jakarta** mit Exponaten zur Geschichte der Hauptstadt (☾ Di–Do 9–14, Fr 9–11, Sa 9–13, So 9–14 Uhr). Die gegenüberliegende **Kanone** aus portugiesischer Zeit gilt als Fruchtbarkeitssymbol, auf das sich gerne kinderlose Frauen setzen.

In einem liebevoll restaurierten Kolonialgebäude an der Ostseite eröffnete 1993 das **Café Batavia**, das schnell zu einem Szenetreffpunkt wurde, wo ein einziger Drink mehr kostet, als der größte Teil der Bevölkerung an einem Tag verdient. Weiter östlich präsentiert im einstigen holländischen Justizpalast das **Museum Seni Rupa** indonesische Malerei des 19. und 20. Jhs. (🕐 s. Museum Jakarta).

Der Welt des (Puppen)theaters ist das **Museum Wayang** an der Westseite gewidmet. Die Sammlung von *wayang kulit-, wayang golek-, wayang klitik*-Puppen und *topeng*-Masken erweckt Neugier, und wer am Sonntag in Jakarta weilt, sollte sich eine Schattenspiel-Kostprobe im Museum (10 Uhr) nicht entgehen lassen. (🕐 s. Museum Jakarta.)

In Alt-Batavia

** Sunda Kelapa

Bereits die Portugiesen verschifften hier die Gewürze, die sie auf den Molukken erbeutet hatten. Noch immer ankern im alten Hafen ausschließlich dickbauchige Prahus, hölzerne Segler, die von den Bugis auf Sulawesi in großer Meisterschaft und nach alter Tradition ohne Verwendung von Metall gefertigt werden. Sie haben ihre Rolle im Handel zwischen den Inseln des Archipels behauptet, aber statt Nelken und Muskat transportieren sie heute Hölzer. Drahtige Männer balancieren die Ladung über schmale Holzstege. Eine romantische Szenerie für den Betrachter, aber Knochenarbeit für die Tagelöhner, die im Akkord arbeiten.

Wer Zeit mitbringt, kann sich von einem der Ruderboote zum **Fischmarkt** übersetzen lassen, wo v. a. frühmorgens ein geschäftiges Treiben herrscht. Nebenan liegen halb verfallene holländische Lagerhallen, von denen eine das **Museum Batari,** ein Museum zur Geschichte der Schiffahrt, beherbergt. (🕐 s. Museum Jakarta.)

Glodok

Das Chinesenviertel Jakartas, südlich von Alt-Batavia, hat viel von seiner ursprünglichen Atmosphäre verloren. Die einst zur Straße hin offenen Läden,

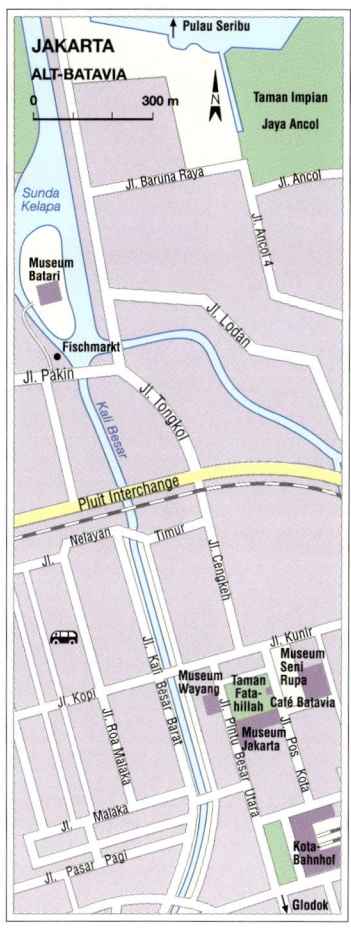

Restaurants und Werkstätten wurden durch sterile Neubauten für moderne Einkaufszentren u. a. ersetzt. Man muß sich schon in die kleinen Gassen wagen, um noch typische Geschäfte und duftende Garküchen zu finden. Bei dieser Gelegenheit kann man den ältesten chinesischen Tempel der Stadt (1650) besuchen: **Klenteng Jinde Yuan,** der „Tempel der goldenen Tugend", wird von Buddhisten und Taoisten gleichermaßen verehrt. Er ist der Göttin der Barmherzigkeit geweiht, den Haupteingang bewacht San Yuan, der „Herrscher über die drei Welten".

Taman Impian Jaya Ancol

Der riesige Freizeitpark an der Javasee mit Hotels, Restaurants, Aquapark, Karussells, einem Delphinarium und anderen Attraktionen ist an den Wochenenden Tummelplatz der Großstadtbewohner. Lohnend ist ein Bummel über den ebenfalls integrierten kleinen Kunstmarkt, **Pasar Seni,** wo man Kunsthandwerk aus allen Teilen des Archipels erstehen und den Handwerkern bei der Arbeit über die Schulter schauen kann (© tgl. 9–22 Uhr).

Taman Merdeka

Der Feiheitsplatz, Zentrum des modernen Jakarta, ist überragt vom **Monas** *(Monument nasional);* schon von weitem sichtbar ist die goldüberzogene Flamme, die den Marmorobelisken krönt.

Ein *Museum* im Sockel des Nationaldenkmals hält in 48 Dioramen die indonesische Geschichte fest, wie man sie gern den Schulklassen präsentiert. Interessanter ist eine Auffahrt auf die *Aussichtsplattform* in 115 m Höhe, wo Ihnen die Dimensionen der Stadt erst bewußt werden.

Um den gigantischen Freiheitsplatz gruppieren sich zahlreiche interessante Gebäude: Der *Präsidentenpalast (Istana Merdeka)* im Norden war schon in der Holländerzeit Sitz des Gouverneurs. Erst in den 70er Jahren wurde die

Istiqlal–Moschee im Nordosten vollendet, die größte Moschee des Landes, in der sich mehr als 20 000 Gläubige zum Gebet versammeln können. Nicht weit vom Turm des Minaretts ragen die Türme der neugotischen katholischen *Kathedrale* in den Himmel.

Die großartigen Exponate des ****Nationalmuseums** *(Museum Nasional),* an der Westseite gelegen, lassen die schlechte Präsentation vergessen. Im Untergeschoß findet man interessante Reliefkarten des Archipels, etliche Räume mit volkskundlichen Exponaten, darunter ein javanisches Gamelan-Orchester, Wayang-Figuren, heilige Krise, balinesische Tanzmasken etc. Imponierend sind die archäologischen Funde aus Zentral- und Ostjava, eine umfangreiche Sammlung chinesischen Porzellans, Bronzegongs, prähistorische Funde (s. s. 59) und Stoffkunst. Im Obergeschoß glänzen Bronzestatuen, die Schatzkammer mit Kostbarkeiten aus Edelmetall, aus dem Besitz indonesischer Herrscherfamilien, und ein Goldschatz aus dem 8.–10. Jh., der erst in den frühen 90 er Jahren in Zentraljava entdeckt wurde. (© Di–Do, So 8.30–14.30, Fr 8.30–11, Sa 8.30 bis 13.30 Uhr; Führungen in englischer Sprache Di, Mi, Do 9.30 Uhr. Jeden Sonntag 9.30–10.30 Uhr javanische Gamelan-Musik.)

Praktische Hinweise

Vorwahl: 0 21

❶ Visitor Information Centre, Jl. M.H. Thamrin 9, ☎ 35 40 94, 33 20 67 (© Mo–Do 8.30–14.30, Fr 8.30–11.30, Sa 8.30–12.30 Uhr). Ein Informationsschalter befindet sich im Flughafen.

Goethe-Institut, Jl. Matraman Raya 23, ☎ 8 50 47 98, 8 58 11 39.

✎ Sukarno-Hatta International Airport, 25 km nordwestlich des Zentrums. Klimatisierter Damri-Bus zwischen Airport und Innenstadt. Taxis mit Taxameter stehen bereit. Die gro-

ßen Hotelketten bieten für ihre Gäste
einen Shuttle-Bus-Service an.

Über den Hafen Tanjung Priok
wird der größte Teil des Passagierver-
kehrs abgewickelt. (Informationen zu
den PELNI-Schiffen s. S. 33.)

Der für Touristen wichtigste der
fünf Bahnhöfe Jakartas ist *Jakarta
Kota Station,* Jl. Stasiun 1. Hier fahren
die beiden komfortablen Nachtzüge
nach Surabaya (Bima und Mutiara)
sowie der Schnellzug nach Bandung
(Parahyangan) ab.

Taxis: Taxis sind an allen großen
Hotels sowie an Einkaufszentren,
Bahnhöfen etc. verfügbar.

Die Blue-Bird-Taxis sind klimatisiert
und verfügen über ein Taxameter.
Achten Sie darauf, daß es eingeschal-
tet wird, denn Pauschalpreise liegen in
jedem Fall höher. Ausnahme sind
Stadtrundfahrten, hier kann es sich
lohnen, ein Taxi auf Stundenbasis zu
mieten.

Die drei Busbahnhöfe liegen in
den Außenbezirken: *Cililikan* (Richtung Süden), *Pulo Gadung* (Richtung
Zentral- und Ostjava), *Kalideres* (Richtung Westküste und nach Sumatra).

Im Nationalmuseum

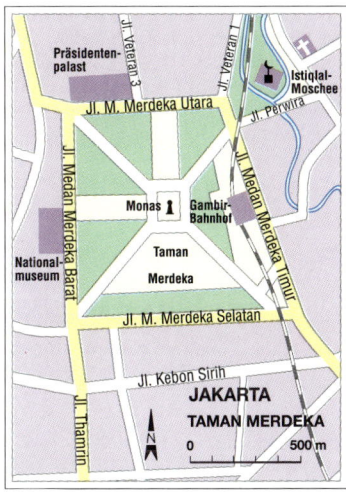

Die ungeliebte Minderheit

Die Holländer holten Ende des 19. Jhs.
Chinesen als Kulis auf ihre Plantagen.
Grundbesitz war von den Kolonialherren verboten, und so wurden die Chinesen, die aus ihrer Abhängigkeit als Ar-
beiter fliehen wollten, Händler, Steuer-
eintreiber oder Unternehmer. Das kon-
fuzianische Arbeitsethos ließ sie fleißig
arbeiten und zum Teil sehr reich werden. Heute besitzt die wichtigste und
bestgehaßte ethnische Minderheit
75 % des Privatkapitals, obwohl sie nur
2 % der Bevölkerung ausmacht. Diese
Erfolge werden geneidet: In der Vergangenheit kam es immer wieder zu
Massakern. Besonders schlimm war es

1965, als viele Chinesen, die nach der
kommunistischen Revolution aus ihrer
Heimat nach Indonesien geflüchtet
waren, zu den Opfern der großen Kom-
munistenhetze gehörten. „Assimilasi"
wird auch von den Chinesen verlangt:
Chinesische Schulen, Zeitungen und
Parteien wurden verboten, chinesische
Familiennamen sind nur noch auf den
Grabsteinen erwünscht. Chinesen, mö-
gen sie auch seit Generationen in Indonesien leben, dienen im Zweifelsfall
immer als Sündenböcke. Doch ohne ihr
Kapital und Know-how wäre der der-
zeitige Wirtschaftsboom kaum möglich.

⌂ Hotels

Hyatt Aryaduta, Jl. Prapatan 44–48, ☎ 37 60 08, 🖷 3 80 99 00. Höchster Komfort in idealer Lage am Taman Merdeka. Ⓢ⟩⟩

Grand Hyatt, Jl. M. H. Thamrin, ☎ 3 90 12 34, 🖷 33 43 21. Der Marmorpalast bietet Luxus pur. Ⓢ⟩⟩

Hotel Indonesia, Jl. M. H. Thamrin, ☎ 32 00 08, 🖷 32 15 08. Der Veteran unter den Luxushotels Jakartas. Ⓢ⟩⟩

Ibis Kemayoran, Jl. Bungur Besar Raya 79, ☎ 4 21 01 11, 🖷 4 21 14 58. Der jüngste Ableger der französischen Hotelkette bietet ein ausgezeichnetes Preis-Leistungs-Verhältnis. Viel Komfort in zentraler Lage. Ⓢ⟩

Arcadia, Jl. Wahid Hasyim 114, ☎ 23 00 0350, 🖷 23 00 9395. Der Hotelnewcomer liegt zentral, ist geschmackvoll eingerichtet und erstaunlich preiswert. Ⓢ

Putri Duyung Cottages, Taman Impian Jaya Ancol, ☎ 68 01 08, 🖷 68 05 02. Nette Anlage inmitten des Freizeitparks, abseits der Hektik der Stadt gelegen. Ⓢ

Marcopolo, Jl. Cik Ditiro 19, ☎ 32 54 09, 🖷 3 10 71 38. Mittelklassehotel mit gutem Service; Swimmingpool. Ⓢ⟩

Guest House Goudia, Jl. Goudangdia Kecel 22, ☎ 3 90 92 21, 🖷 39 05 73. Klimatisierte Zimmer und Swimmingpool zu moderaten Preisen. Ⓢ⟩

Pasar Baru Hotel, Jl. Pasar Baru Selatan 6, ☎ 3 45 62 80, 🖷 3 85 38 43. Einfach, aber sauber und zentral gelegen. Ⓢ

Die meisten Billighotels, in denen meist Rucksackreisende absteigen, liegen in der Region der Jl. Jaksa, südlich des Monas. Empfohlen seien **Bloem Steen (**Jl. Kebon Sirih Timur 173), **Djody Hotel** (Jl. Jaksa 27), **Celebes House** (Jl. Menteng 35).

⌂ Restaurants

Oasis, Jl. Raden Saleh. Eine Top-Adresse für gehobene indonesische Küche in kolonialem Ambiente. Reservierung ratsam (☎ 3 14 13 55). Ⓢ⟩ (ab 50 000 Rp.)

Manari, Jl. Gatot Subroto. Ausgezeichnete indonesische Küche und traditionelle Tanzvorführungen. Ⓢ⟩

Nelayan, Jl. Manggala Wanabakti. Ein auch bei Einheimischen sehr beliebtes Seafood-Restaurant. Ⓢ⟩

Pulau Dua, Jl. Gatot Subroto. Hier wird der frische Fisch auf der Terrasse serviert. Ⓢ⟩

Sate House Senayan, Jl. Cokroaminoto (mit Filialen in der Jl. Pakubuwono und in der Jl. Kebun Sirih). Sates aller Art und andere indonesische Spezialitäten. Ⓢ⟩

Cafe Marco, Wisma Metropolitan I. Der beste Italiener in der mittleren Preisklasse. Ⓢ⟩

Elvis, Athaloka Bldg. Steaks und andere amerikanische Spezialitäten. Ⓢ⟩

Ein Eßerlebnis besonderer Art sind die *warung* (Garküchen), die nach Sonnenuntergang auf den Gehsteigen in der Jl. Kendal und Jl. Pecenongan aufgebaut werden und indonesische Spezialitäten und köstliches Seafood anbieten. Ⓢ

In den Untergeschossen der großen Kaufhäuser wie *Sarinah's* und *Pasar Raya* ißt man zwar nicht gemütlich, aber gut, preiswert und unter Einheimischen. Ⓢ

Kulturelle Veranstaltungen: Traditionelle Tanz- und Theateraufführungen sind regelmäßig am Wochenende im Pasar Seni in Ancol (s. S. 38) oder im Taman Mini (s. S. 41) zu sehen. Informationen in den Visitor Information Centres der Parks.

Freunde des Wayang kulit kommen am Sonntag zwischen 10 und 12 Uhr im Wayang-Museum (s. S. 37) auf ihre Kosten.

Wer sich für moderne indonesische Kunst und Avantgarde-Theater interessiert, sollte dem TIM (Taman Ismail Marzuki), Jl. Cikini Raya, einen Besuch abstatten. Das aktuelle Veranstaltungsprogramm entnehmen Sie der englischsprachigen Zeitung „Jakarta Post".

Nachtleben: Fabrice's, Jl. Jend. Sudirman, Pintu V, Gelora Senayan. Salsa-Rhythmen im Ethno-Ambiente. Bar und Diskothek. Im *JAMZ*, Jl. Panglima Polim Raya No. 11 L-M-N, gibt sich so manche Jazzgröße ein Stelldichein. *Hard Rock Café,* Sarinah Bldg, Jl. M. H. Thamrin. Vor allem die ganz Jungen tanzen hier zu Live-Musik. Im *Café Batavia,* Taman Fatahillah (s. S. 36), trifft sich, wer dazu gehören will. Live-Musik, Drinks und Essen können sich sehen lassen – die Preise auch. 24 Stunden geöffnet! Alle großen Hotels bieten Bars und Diskotheken mit Live-Musik.

Ausflüge

Taman Mini und Ragunan-Zoo

Der „Kleine Garten", 10 km vom Zentrum entfernt, ist ein Freilichtmuseum, das bei Schulklassen wie bei Touristen gleichermaßen beliebt ist. Auf 150 ha verteilen sich 27 Areale für die 27 indonesischen Provinzen. Jeweils ein traditionelles (wenn auch überdimensioniertes) Haus ist lebendiges Museum, das über Brauchtum und Kunsthandwerk der Region informiert. Im Filmtheater wird der 3-D-Film „Indonesia Indah" gezeigt, zahlreiche Museen (u. a. ein zoologisches Museum in Form eines Komodo-Warans) locken. Ein Orchideengarten und ein großartiger Vogelpark mit zwei Aviarien laden zu Spaziergängen ein. An Wochenenden steht zusätzlich Unterhaltung mit Tanz und Theater auf dem Programm. (☉ tgl. 8–16 Uhr.)

Ebenfalls an der südlichen Peripherie liegt der **Ragunan-Zoo.** Rund 3600 Tierarten leben hier, vom Sumatra-Tiger über Komodo-Warane und Orang-Utans bis zu Paradiesvögeln aus Irian Jaya. (☉ tgl. 9–18 Uhr.) Am besten fährt man mit dem Taxi (ca. 45 Min.).

Der Freiheitsplatz wird überragt vom Nationaldenkmal

Szenetreffpunkt: Café Batavia

Die Istiqlal-Moschee ist die größte des Landes

Die sogenannten Tausend Inseln, beliebtes Wochenendziel der Großstädter, sind in Wahrheit nur rund 150 kleine und kleinste Tropeneilande, der Küste Jakartas vorgelagert. Touristenzentrum mit Bungalows, Restaurants, Diskos und zahlreichen Wassersportmöglichkeiten ist **Pulau Bidadari** (Linienboot ab Marina im Taman Impian Jaya Ancol).

Wem der Rummel zu viel wird, kann von hier aus historisch interessante Inseln ansteuern: **Pulau Kelor** mit den Ruinen einer holländischen Festung und **Pulau Onrust,** wo sich im 18. Jh. Trockendocks für die Handelsflotte der VOC befanden. An die Holländerzeit erinnern heute Ruinen eines Forts, einer Kirche und einige Grabsteine.

Taucher und Schnorchler zieht es in die Luxusresorts der Koralleninseln **Pulau Puteri** und **Pulau Pelangi** (Bootscharter ab Marina Taman Mini Jaya Ancol).

Bogor

Nur eine Autostunde von Jakarta entfernt, ist das kühle Klima des Städtchens eine Erholung. Schon die Holländer wußten es zu schätzen, und obwohl schon fast mit der Hauptstadt zusammengewachsen, hat sich Bogor seinen provinzialen Charme erhalten. Der ehemalige Sommersitz der niederländischen Gouverneure, **Istana Bogor,** liegt wunderschön inmitten eines weitläufigen Parks. Der Palast ist der Öffentlichkeit nicht zugänglich.

Gleich nebenan lockt *die* Attraktion Bogors, der *Kebun Raya, einer der größten Botanischen Gärten Südostasiens, der bereits 1817 zu Forschungszwecken angelegt wurde. 20 000 verschiedene tropische Gewächse machen den Park zu einem idealen Platz, um sich während eines ausgedehnten Spaziergangs (Regenschirm nicht vergessen – Bogor ist ein Regenloch!) mit der tropischen Flora vertraut zu machen.

Vom Gambir-Bahnhof (nahe Taman Merdeka) fahren stündlich Züge ab.

Yogyakarta

Studentenstadt im Schatten des Kratons

Der kulturelle Mittelpunkt Javas, kurz Yogya genannt, ist eine relativ junge Stadt; erst nach der Teilung des islamischen Mataram-Reiches wurde sie 1755 gegründet. Der Sultan nahm den Titel Hamengkobuwono („der den Erdkreis im Schoße trägt") an und begann mit dem Bau seiner Residenz, des Kraton. Abends, wenn die Warung auf Yogyas Flanierstraße, der Jalan Malioboro, öffnen, die ungeahnte Düfte durch die Stadt wehen lassen, wenn sich die traditionellen Klänge des Gamelan mit ohrenbetäubender Rockmusik mischen, wenn bildhübsche Mädchen auf ihren Mopeds die Becaks überholen, verwandelt sich die Stadt des Kraton und der Tradition in eine quirlige Studentenstadt, deren renommierte Universitäten junge Leute aus allen Teilen des Landes anziehen.

Stadtbesichtigung

Den Mittelpunkt der Stadt bildet der **Kraton,** der Palast der Sultane von Yogya, 1755 von Hamengkobuwono I. gegründet. Der von Mauern umgebene Bereich – eine Stadt in der Stadt –, zu dem auch die beiden Paradeplätze Alun Alun Utara und Alun Alun Selatan, die Hauptmoschee und das Lustschloß Taman Sari gehören, umfaßt eine Fläche von 1 km² und beherbergte einstmals einen Hofstaat von 15 000 Menschen.

Der eigentliche Palastbezirk besteht aus einer Ansammlung von niedrigen Gebäuden, Pavillons und *pendopos,* der für Java so typischen, nach allen Seiten hin offenen Säulenhallen. Die öffentli-

chen Gebäude wie Thronsaal und Emp-
fangshallen sind zugänglich, ebenso
das Familienmuseum, die Gemälde-
sammlung mit den Herrscherporträts
und das kleine Museum mit den Krönungsinsignien und kostbaren Ge-
schenken ausländischer Staatsgäste.
Eine Besichtigung ist nur im Rahmen
einer Führung, meist durch einen der
Palastbeamten in traditioneller Tracht,
möglich. (◷ tgl. 9–14 Uhr, Mo, Mi
10.30–12 Uhr Proben des Gamelan-Or-
chesters des Sultans; So 10.30–12 Uhr
Tanzproben.)

Der ehemalige Paradeplatz Alun Alun
Utara ist bei religiösen Festen der Ver-
sammlungsplatz der Gläubigen. An seiner Westseite liegt die Hauptmoschee
der Stadt *(Mesjid Agung),* erbaut in den
70er Jahren des 18. Jhs. An der Nord-
westseite des Alun Alun Utara liegt das
Museum Sono Budoyo mit einer sehenswerten Sammlung javanischer
und balinesischer Kunstschätze (◷ Di
bis Do 8.30–13.30, Fr 8.30–10.30, Sa,
So 8.30–11.30 Uhr).

Südwestlich des Kraton liegen die Ruinen des Lustschlosses **Taman Sari,** das
im 19. Jh. einem Erdbeben zum Opfer
fiel. Die einstige Pracht ist jedoch noch
zu erahnen. Wo einst ein künstlicher
See lag, der den Mittelpunkt der Anlage bildete, liegt heute das Künstlervier-
tel von Yogya mit vielen kleinen Batikwerkstätten. Ein paar vernachlässigte
Tore und Badeplätze, einst umgeben
von den Privatgemächern des Sultans
und seiner Gespielinnen, erinnern an
die Funktion der Anlage als Lustschloß.

Daneben fungierte Taman Sari auch als
Zufluchtsstätte für die vorsichtige kö-
nigliche Familie: Durch einen Geheim-
gang, von dem Reste noch inmitten des
Gewimmels der Häuser aufspürbar
sind, war das Schloß mit dem Kraton
verbunden.

Unweit des Taman Sari liegt der **Vogelmarkt,** wo Vögel aus allen Teilen des
Archipels, eingepfercht in viel zu kleine Käfige, darauf warten, gekauft zu
werden.

*Sultan Hamengkobuwono X.
bei seiner Krönung*

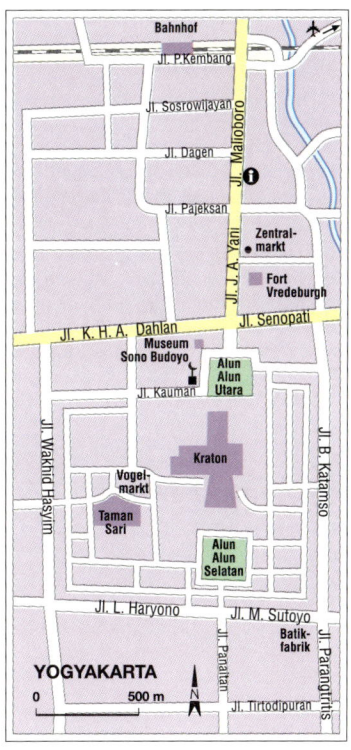

Nördlich des Alun Alun Utara, hinter der Kratonmauer, beginnt das holländische Yogya. Gegen Ende des 18. Jhs. wurde das **Fort Vredeburgh** dem Kraton gegenübergestellt. Seit ein paar Jahren beherbergt es ein Museum zur javanischen Geschichte.

Gegenüber liegt die ehemalige Residenz des holländischen Regenten, die von 1946 bis 1949 Sitz der indonesischen Regierung war.

Geht man weiter in nördlicher Richtung, vorbei am Zentralmarkt der Stadt, erreicht man die berühmteste Straße der Stadt, die **Jalan Malioboro,** eine Fundgrube für Souvenirjäger. Der Name leitet sich – entgegen anders lautender Theorien – vom Sanskrit-Wort *Malyabhara* ab, was soviel bedeutet wie „mit Girlanden geschmückt". Hunderte von Ständen preisen billige Textilien und kunsthandwerkliche Gegenstände an, deren Qualität allerdings oft zu wünschen übrig läßt.

Ein abendlicher Bummel kann zum kulinarischen Erlebnis werden, denn zahllose Warung locken mit ihren Spezialitäten: Versuchen Sie unbedingt *gudeg,* das Nationalgericht Yogyas aus Jackfrucht, Huhn u. a.

Liebhaber moderner Kunst sollten dem **Museum Affandi** an der Jl. Adisucipto, auf dem Weg zum Prambanan-Tempel, einen Besuch abstatten. Ausgestellt sind Werke des 1990 verstorbenen Künstlers (s. S. 24), der lange in Yogya arbeitete, und seiner Tochter Kartika. (◷ 9–15 Uhr.)

Praktische Hinweise

Vorwahl: 02 74

🛈 Tourist Office, Jl. Malioboro 16, ☎ 6 60 00.

✈ Adisucipto Airport, 10 km östlich. Verbindungen mit Jakarta, Bandung, Surabaya, Denpasar und Banjarmasin.

🚃 Hauptbahnhof Jl. Mangkubumi/Jl. Wongsodirjan. Mehrere Züge täglich nach Jakarta, Bandung und Surabaya.

🚌 Die meisten Busse und Minibusse, auch zum Borobudur, fahren ab Terminal Jl. Veteran, 4 km außerhalb.

Tickets für Expeßbusse nach Jakarta und Denpasar sind in den kleinen Reisebüros der Jl. Sosrowijayan oder Jl. Prawirotaman (Billighotelgegenden) erhältlich, und die Reisenden können dort auch zusteigen.

Die Minibusse zum Prambanan oder nach Solo fahren ab Terminal Jl. Simanjuntak.

Auch innerstädtisch fahren Busse. Für kürzere Strecken empfehlen sich Becaks, von denen es besonders entlang der Malioboro geradezu wimmelt. In einigen der kleineren Hotels können für wenig Geld Fahrräder gemietet werden.

🏨 Hotels

Melia Purosani, Jl. Suryotomo 31, ☎ 58 95 21, 58 95 23, 📠 58 80 70, 58 80 71. Das erste Fünfsternehotel Yogyas; liegt nahe dem Zentrum. $⟩⟩
Ambarrukmo Palace, Jl. Adisucipto, ☎ 56 64 88, 📠 56 32 83. Das auf dem Gelände eines fürstlichen Sommerpalastes errichtete Hotel war bis in die frühen 90er Jahre das einzige Luxushotel der Stadt. Immer noch ehrwürdig, aber etwas muffig. $⟩⟩
Santika, Jl. Jend. Surdirman 19, ☎ 56 30 36, 56 19 10, 📠 56 20 47. Freundliches Hotel mit gutem Komfort in Zentrumsnähe. $⟩⟩
Garuda, Jl. Malioboro 72, ☎ 58 64 91, 📠 56 30 74. Das Kolonialhotel ist vor einigen Jahren grundlegend restauriert worden. Sehr zentral gelegen. $⟩⟩
Puri Artha, Jl. Cendrawasih 36, ☎ 51 59 34, 📠 51 45 30. Geschmackvoll im javanischen Stil gestaltete kleine ruhige Hotelanlage. $⟩
Mutiara, Jl. Malioboro 18, ☎ 6 38 14, 📠 6 12 10. Drei-Sterne-Komfort mitten im Zentrum. $⟩

Im Viertel um die Jl. Prawirotaman gibt es zahlreiche kleine Hotelanlagen, die allesamt relativ einfach sind. Ihre Stärke liegt in der freundlichen Atmosphäre, den günstigen Preisen und der Nähe zu guten Restaurants und allen touristischen Einrichtungen. Besonders empfehlenswert darunter sind:

Wisma Indah, Jl. Prawirotaman 12, ☎ 7 60 21. Mit Pool. $
Metro Guest House, Jl. Prawirotaman MG7/71, ☎ 37 23 64. Mit Pool. $
Airlangga Guesthouse, Jl. Prawirotaman 4, ☎ 37 80 44, 🖷 37 14 27. Mit Pool. $

Garebeg-Zeremonie

Von der Macht des Kraton

Die Sultansfamilie in Festtagsgewändern wird geleitet von Beamten in traditionellen Trachten und Hunderten von Soldaten in historischen Uniformen. Reispyramiden werden auf Tragegestellen zur Hauptmoschee gebracht, wo sie von den Massen, die dem Schauspiel beigewohnt haben, geplündert werden – ein Bild wie aus einer Operninszenierung und doch anläßlich der Garebeg-Feste dreimal im Jahr Realität in Yogyakarta: am Ende des Fastenmonats Ramadan *(Garebeg Sawal)*, am Geburtstag des Propheten Mohammed *(Garebeg Maulud)* und zu Beginn der Pilgerfahrt nach Mekka *(Garebeg Besar)*. Der Kraton inszeniert, und das Volk jubelt.

Ursprünglich war der Kraton nicht nur Wohnort und Residenz des Herrschers, sondern auch Mittelpunkt der höfischen Kunst und Kultur Javas. Hier entwickelten sich die Grundsätze der javanischen Moral und der javanischen Sprache, hier wurden javanischer Tanz und javanische Gamelan-Musik in ihrer heutigen Form entwickelt, hier pflegte man die Kunst des Batikens, hier wurden die kunstvollen Krise, die heiligen Zeremonialdolche, geschmiedet.

Der Kraton von Yogyakarta ist heute ein Ort der Tradition, aber keineswegs der Erstarrung. Dafür sorgte stets der liberale Geist der Sultansfamilie. Bereits der erste größere Aufstand gegen die Kolonialregierung, der Java-Krieg (1825–1830), nahm in Yogyakarta seinen Anfang. Während des Unabhängigkeitskampf nahm Sultan Hamengkubuwono IX. 1945 die aus Jakarta vertriebene Regierung Sukarno auf: Yogyakarta wurde für vier Jahre provisorische Hauptstadt der Republik Indonesien. Der Sultan war nach der Unabhängigkeit lange Vizepräsident der Republik, und Yogyakarta erhielt den Status einer Sonderregion. Nach dem Tod des alten Sultans bestieg 1989 sein Sohn als Hamengkobuwono X. den Thron.

Ist dieser auch kein weltfremder Märchenprinz, sondern erfolgreicher Geschäftsmann und angesehenes Mitglied der Regierungspartei, der Kraton ist für Javaner noch immer ein Platz, der Ehrfurcht gebietet, und die Sultansfamilie, nicht von Skandalen erschüttert wie die europäischen Königshäuser, genießt nach wie vor hohe Verehrung.

Vagabond Youth Hostel, Jl. Prawirotaman MG3/589, ☎ 37 12 07. Ⓢ

Wer auf Komfort verzichten kann und den javanischen Alltag dem sterilen Hotelzimmer vorzieht, wendet sich an den **Indraloka Homestay Service** (☎, 🖳 56 43 41), der Privatunterkünfte vermittelt.

🏨 Restaurants

Legian Garden, Jl. Malioboro/Jl. Perwakilan. Auf einer Dachterrasse mitten im Zentrum werden köstliche indonesische und javanische Spezialitäten serviert. Ⓢ

Gita Buana, Jl. Adisucipto, (Nähe Ambarrukmo-Hotel). Gutes Restaurant mit internationaler und indonesischer Küche, Steak und Seafood. An manchen Abenden gibt es Karaoke-Einlagen. Ⓢ

Baleanda, Jl. Tirtodipuran 3. Javanische Köstlichkeiten. In der angegliederten Galerie stellen junge Künstler aus. Ⓢ

Hanoman's Forest Garden Restaurant, Jl. Prawirotaman 9. Gegen einen geringen Aufpreis kann man beim Essen den allabendlichen Wayang-kulit- oder Wayang-golek-Aufführungen beiwohnen. Ⓢ

Lotus, Jl. Prawirotaman MG3/593. Schönes Gartenrestaurant mit europäischen und internationalen Gerichten, serviert bei esoterischer Musik. Ⓢ

Bladok, Jl. Sosrowijayan 76. Europäische Küche in sehr schönem Ambiente. Ⓢ

Zahlreiche Warung mit javanischen Spezialitäten öffnen abends entlang der Jalan Malioboro. Ⓢ

Kulturelle Veranstaltungen

Wayang kulit

Agastya Art Institute, Jl. Gedong Kiwo MJI/996; So–Fr 15–17 Uhr. Dort samstags zur gleichen Zeit Wayang-golek-Vorführungen.

Ambar Budaya, Yogyakarta Craft Centre, Jl. Adisucipto; tgl. 20–21.30 Uhr.

Museum Sono Budoyo, Jl. Trikora; tgl. 20–22 Uhr.

Sasana Hinggil, am Alun Alun Selatan, jeden zweiten Samstag im Monat Aufführungen in Originallänge (ca. 21–5.30 Uhr).

Wayang orang

Taman Hiburan Rakyat, Jl. Katamso; tgl. 20–22 Uhr.

Javanischer Tanz

Pendopo Damlem Pujokusoman, Jl. Katamso 45; Mo, Mi, Fr 20–22 Uhr.

Den Proben im *Kraton* kann man sonntags zwischen 10.30 und 12 Uhr beiwohnen. In einigen Tanzschulen kann man nach Absprache bei den Proben zuschauen, z. B. im *Dance Centre* in der Jl. Martadinata 9, ☎ 51 29 82 (Stadtteil Singosaren); Mi, Do, Sa, So 16–17.30 Uhr.

Gamelan

Montags und mittwochs können Sie von 10.30–12 Uhr den Proben des Sultansorchesters im Kraton beiwohnen.

Ramayana-Ballett

Aufführungen bietet das Kulturzentrum Purawisata (Jl. Brigjen, ☎ 37 40 89) tgl. von 20–22 Uhr. Stimmungsvoll ist das Ballett am Prambanan, s. S. 57.

Einkaufen

Bei den organisierten Stadtrundfahrten gehören Besuche verschiedener Werkstätten zum festen Programm. Viele Becak-Fahrer bieten günstige Stadtrundfahrten an und schleppen die Touristen in Werkstätten. Haben Sie kein Interesse, machen Sie das gleich am Anfang klar und suchen Sie sich gegebenenfalls einen anderen Fahrer. (Andererseits: Man bringt Sie in der Regel in gute Geschäfte, und Sie ersparen sich langes Suchen. Natürlich kassiert der Fahrer eine Provision, aber auch ohne diesen Zwischenhändler würden Sie nicht billiger wegkommen, dann schlägt der Händler die Summe auf den Preis auf). Einen hervorragenden Überblick über das Kunsthandwerk der Region bekommt man im *Yogyakarta Craft Centre*, Jl. Adisucipto (⊙ Mo–Do, Sa 7.30–17 Uhr, Fr 11–13 Uhr Gebetspause).

Am Vogelmarkt

Batik: Yogya ist eines der Zentren der Batikherstellung. Die größeren Werkstätten liegen meist südlich des Kraton entlang der Jl. Tirtodipuran, die kleineren im Bereich des Taman Sari, wo auch die Ateliers einiger Batikmaler liegen. Eine Besichtigung der Werkstätten und Ateliers ist fast immer möglich. Bezüglich der Qualität gibt es große Unterschiede. Im *Studienzentrum für Batik und Kunsthandwerk (Balai Besar Industri Kerajinan dan Batik)*, Jl. Kusumanegara 7

Das Einkaufsmekka: die Jalan Malioboro

(⊙ Mo–Sa 9–12 Uhr) werden die verschiedenen Techniken vorgeführt, und man kann das Auge für Qualität schulen (hier kann man sich auch nach Batikkursen erkundigen). Billige Massenware (Stoffdruck mit Batikmustern, keine echte Wachsbatik) bekommt man bei den fliegenden Händlern entlang der Jl. Malioboro.

Wayang kulit-Figuren: In den Werkstätten für Schattenspielfiguren kann man nicht nur bei der Herstellung zuschauen, sondern bekommt meist eine Spieleinlage geboten. Auch hier gibt es große Qualitätsunterschiede: Während die Massenware aus billigem Ziegenleder hergestellt wird, bestehen die besser verarbeiteten Figuren aus kräftigem Büffelleder. Einige der bekanntesten Werkstätten sind: *Ledjar*, Jl. Mataram DNI/370; *Moejosoehardjo*, Jl. S. Parman Sari 37B und *Swasthigita*, Jl. Ngadinegaran MD 7/50.

Silber: Die Silberwerkstätten liegen fast alle im Vorort Kota Gede.

Viele Verkäufer buhlen um die Gunst der Touristen

Java

Das Herz Indonesiens

Grün ist die Farbe der Reisfelder und die Farbe Javas. Fruchtbare Böden ließen die Insel schon früh zur Reiskammer Indonesiens werden. Sattgrüne Reisterrassen schmiegen sich an die Bergrücken und vermitteln ein Bild der Ruhe und des Friedens, doch die Ruhe ist trügerisch: Die javanische Erde ist unruhig, hochexplosiv.

35 aktive Vulkane zählt die Insel von der Größe Englands, Segen und Fluch der Feuerberge sind kaum irgendwo so deutlich zu spüren wie auf Java. Die fruchtbaren vulkanischen Böden der Insel zogen die Menschen an, doch die Gefahr ist allgegenwärtig, und zudem kann der Boden die viel zu schnell wachsende Bevölkerung längst nicht mehr ernähren. Steht Java auch flächenmäßig nur an fünfter Stelle unter den mehr als 13 000 Inseln des Archipels, so leben hier doch fast zwei Drittel aller Indonesier – die Insel gehört zu den dichtest besiedelten Regionen der Welt. Aus Kleinbauern werden immer häufiger landlose Erntearbeiter, die in der Hoffnung auf Arbeit in die Großstädte ziehen – und dort das Heer der Slumbevölkerung nur noch vergrößern.

Die Insel gehörte zu den frühesten Siedlungsplätzen der Menschheit (s. Javamensch, S. 59), eine einzigartige Hochkultur aber begann mit der Ankunft der Inder und der Entwicklung hinduistischer und buddhistischer Reiche ab dem 5. Jh., von denen noch heute die ehrwürdigen Tempel Zentral- und Ostjavas zeugen. Die Ankunft des Islam wird mit neun Heiligen, den *Wali*, in Verbindung gebracht, deren Grabstätten entlang der Nordostküste Javas noch heute Pilgerstätten sind. Mit den Wali kam eine mystische Form des Islam, wie sie heute vor allem in Zentraljava gelebt wird, die Elemente der indischen Religionen und der Naturreligionen aufnahm. Stützpfeiler der traditionellen javanischen Kultur sind die zentraljavanischen Kratons.

Gegen Ende des 16. Jhs. landeten die ersten holländischen Schiffe im Westen der Insel, zweihundert Jahre später war ganz Java unter holländischer Kontrolle. Ein Zwangsanbausystem verdammte die Javaner dazu, statt des lebensnotwendigen Reises Exportprodukte anzubauen, was im fruchtbaren Java zu Hungersnöten führte. Java litt am meisten unter den Holländern und bekämpfte sie am heftigsten. Die Unabhängigkeit wurde in Java erstritten, z. T. gegen den Willen anderer Volksgruppen, die aus lauter Opposition gegen die Javaner auf Seiten der Holländer kämpften. Das Mißtrauen der Außeninseln gegen die javanische Dominanz ist geblieben, gegen den Versuch der javanischen Mehrheit, ihre Moral zur beherrschenden des Archipels zu machen und ihre Macht bis in den hintersten Winkel des Archipels auszudehnen (s. Transmigrasi, S. 12) ist geblieben.

Unbestritten ist auf jeden Fall, daß auf Java, der Insel der Extreme, wo uralte Traditionen und bäuerliches Leben neben modernen Wirtschaftsprojekten und avantgardistischer Kultur stehen, das Herz Indonesiens schlägt.

Verkehrshinweise

Die wichtigsten Städte der Insel sind durch regelmäßige Flüge, meist mehrmals täglich, miteinander verbunden. Zwei Bahnlinien verbinden Jakarta mit Surabaya: Die Südroute führt über Bandung und Yogyakarta, die Nordroute über Semarang. Das Netz der Schnellbusse ist sehr dicht. Klimatisierte Nachtbusse sind für längere Strecken nur sehr Anspruchslosen zu empfehlen. Im Nahverkehr werden vor allem Minibusse eingesetzt. In den Städten spielen Becaks, Fahrradtaxis, noch eine große Rolle.

Westjava

Westjava ist Sundaland, und die Sundanesen legen Wert auf ihre kulturelle Eigenständigkeit. Man spricht sundanesisch, man zieht die sanften Klänge des Bambus-Anklung dem javanischen Gamelan vor, und die traditionelle Theaterform Westjavas ist das Wayang golek, das Spiel mit Holzpuppen.

Die Muslime im Westen Javas werden zu den *santris* (s. S. 21) gezählt, die – anders als die Volksgruppe der Javaner – den Islam in seiner orthodoxen Form leben und einen großen Prozentsatz der indonesischen Mekka-Pilger stellen. Die Sundanesen sind stolz darauf, daß viele führende Köpfe der Republik aus dem Sundaland stammen, und daß in ihrer Heimat fleißig am wirtschaftlichen Fortschritt gebastelt wird.

Der herrliche Strand von Pangandaran

Bandung

„Hallo, hallo Bandung …" Ein Schlager, von einem Anklung-Orchester im Radio gespielt, setzt sich erbarmungslos als Ohrwurm fest. Nur wenige Reisende wissen, daß er von der Rolle Bandungs im Unabhängigkeitskampf erzählt. Die Hauptstadt des Sundalandes wurde schon von den holländischen Kolonialherren wegen ihres angenehmen Hochlandklimas sehr geschätzt (700 m ü. M.). Breite Boulevards mit schicken Geschäften ließen die Stadt einst zum „Paris des Ostens" erblühen.

Mit der Asia-Afrika-Konferenz, die 1955 die Vertreter der sog. dritten Welt an einen Tisch brachte, meldete Bandung seinen Anspruch als Metropole des Fortschritts an. Die großen kulturellen Highlights sucht man in der Stadt vergeblich, aber das *Institut für*

Literaturtips

Unter dem Pseudonym Multatuli (lat. „Ich habe viel ertragen") beschrieb der ehemalige holländische Kolonialbeamte Douwes-Dekker 1860 die ausbeuterischen Praktiken der Kolonialregierung und löste in seiner Heimat große Betroffenheit aus. (Multatuli, *Max Havelaar*, Bruckner & Thunleer, Köln 1993.)

Der deutsche Dichter Max Dauthendey kam 1914 ins Sundaland, das er in einfühlsamen Schilderungen beschreibt; er starb 1918 in Ostjava. *Erlebnisse auf Java, aus Tagebüchern* (München 1924; derzeit nur antiquarisch) und *Das Märchenbriefbuch der heiligen Nächte im Javanerlande* (Kiepenheuer Bücherei, Leipzig und Weimar 1992.)

Technologie (ITB) ist eine der bekanntesten Universitäten des Landes (auch Präsident Sukarno legte hier 1926 sein Ingenieursexamen ab).

Und die Flugzeugwerke des Ministers Habibie haben Bandung endgültig zum Zentrum der Hoffnung auf eine bessere wirtschaftliche Zukunft Indonesiens gemacht.

Im Stadtzentrum liegt das geschichtsträchtige **Gedung Merdeka.** „Der Geist von Bandung schafft die Welt neu" – unter diesem Motto stand die Asia-Afrika-Konferenz des Jahres 1955, zu der Gastgeber Sukarno prominente Staatsmänner wie Nasser, Nehru oder Ho Chi Minh um sich versammelte. Die Bewegung der Blockfreien Staaten sollte hier ihren Ausgang nehmen. Heute birgt das „Haus der Freiheit" ein Museum mit Photos und Dokumenten der Konferenz. (🕐 Di–Do 9–14, Fr 9–11, Sa 9–13, So 9–14 Uhr.)

Im Norden der Stadt liegt das **Geologische Museum** (*Museum geologi,* Jl. Diponegoro 57). Ausgestellt sind hier u. a. Reliefkarten, Vulkanmodelle, Mineralien und Fossilien. Prachtstück der Sammlungen ist aber der Schädel des sogenannten Javamenschen. (🕐 s. Gedung Merdeka.)

❶ West Java Tourist Office, Jl. K. H. Penghulu Hassan Mustafa 22, ☎ 0 22/7 23 55.

🚆, 🚌 Gute Zug- und Busverbindungen zu anderen Städten. Für die Weiterreise nach Yogyakarta und Zentraljava bietet sich eine der landschaftlich schönsten Zugfahrten in Java an, mit dem Pajajaran täglich um 7.30 Uhr ab Bandung.

🏨 **Chedi,** Jl. Ranca Bentang 56, ☎ 23 03 33, 🖷 23 06 33. Stilvolles Luxushotel in traumhafter Lage am Rande des Villenviertels. Auch das Restaurant mit seiner schönen Terrasse lohnt den Besuch. ⑤⑤⑤
Savoy Homan, Jl. Asia-Afrika 112, ☎ 0 22/43 22 44, 🖷 43 15 83. Art-déco-Perle aus den 20er Jahren.

Schlechtes Essen, aber abends Jazz im Innenhof. ⑤⑤–⑤⑤⑤
Grand Hotel Lembang, Jl. Raya Lembang 272, ☎ 0 22/28 66 71, 🖷 28 68 29. Charmantes Haus auf dem Weg zum Tangkuban Prahu. ⑤
Surabaya, Jl. Kebun Jati 71, ☎ 43 67 91. Wem Lärm nichts ausmacht, kann hier preiswert koloniales Ambiente genießen. ⑤⑤ – ⑤

🏛 **Babakan Siliwangi,** Jl. Siliwangi 79. Traditionelles Sunda-Restaurant. Unbedingt einen Versuch wert sind u.a. köstliche Süßwasserfische. Hausspezialität ist Ikan mas goreng, gebratener Goldfisch. ⑤
Toko You, Jl. Hasanudin 12. In einem der wenigen Straßencafés der Stadt trifft sich die einheimische Schickeria zum guten Essen. ⑤⑤
Dago Tea House, Jl. Bukit Dago Utara. Ein Klassiker in Bandung: Gute und preiswerte Sunda-Küche wird im Freien serviert. ⑤

*Tangkuban Prahu

Der nördlich von Bandung gelegene Vulkan ist als Studienobjekt für Vulkanismus und touristisches Spektakel gleichermaßen geeignet. Der 2076 m hohe Berg, dessen Namen („Umgestürztes Boot") auf eine sundanesische Legende zurückgeht, ist von Bandung aus bequem erreichbar, sei es direkt per Taxi oder mit dem Minibus über Lembang und von dort weiter durch ausgedehntes ein Teeanbaugebiet in Richtung Ciater. Auf der Fahrt ziehen die noch aus kolonialer Zeit stammenden Villen an den Hängen oberhalb Bandungs den Blick auf sich. Ein Abzweig von der Hauptstrecke führt über die letzten 4 km Asphaltstraße zum *Kawah Ratu* (1830 m), dem größten der insgesamt 12 Krater des nebelverhangenen Tangkuban Prahu (Regenschutz und festes Schuhwerk erforderlich). Leider sieht man vor lauter Souvenirverkäufern oft den Krater nicht mehr. Wer gut zu Fuß ist, wimmelt die Angebote freundlich, doch bestimmt ab und begibt sich auf den Fußpfad in den „Höllenschlund" des höchst aktiven *Kawah Domas*. Der dreiviertelstündige, mitunter steile Weg schlängelt sich zwischen Puderquastensträuchern und riesigen Baumfarnen hinab in die Caldera. Die den Fumarolen entweichenden Schwefeldämpfe erfüllen den Krater, zwischen dem scharfkantigen, von Schwefelablagerungen und anderen Chemikalien weiß bis grün überzogenen Lavagestein quillt brodelndes Wasser nach oben. In das Schauspiel geologischer Kräfte mischt sich jedoch auch hier die Dramaturgie aufdringlicher Händler. 2 km wandert man dann schließlich bis zur Tangkuban-Prahu-Bergstraße zurück.

Jedes verfügbare Fleckchen Erde wird kultiviert

Pangandaran

Südöstlich von Bandung stößt man an gleichnamiger Bucht auf einen herrlichen, weißen Sandstrand. Der ehemals beschauliche Fischerort ist mittlerweile für die „Strandläufer" unter den Touristen gut gerüstet und überrascht mit

Der „Höllenschlund" des Tangkuban Prahu

WESTJAVA

0   100 km

einer Reihe recht komfortabler Unterkünfte. Wer genug vom Faulenzen hat, kann das angrenzende *Naturschutzgebiet* auf Wanderungen erkunden. In Begleitung von Führern sind auch Tierbeobachtungen möglich.

Von Bandung nimmt man den Bus nach Banjar; von dort fähren regelmäßig Minibusse nach Pangandaran.

🏠 **Sunrise Beach Hotel,** Jl. Kidang Panjung, ☎ 37 92 20. Eines der besten Hotels, gepflegte Anlage mit Swimmingpool. Ⓢ
Adams Homestay, Jl. Pamugaran, ☎ 37 91 64. Einfache Zimmer und komfortable Bungalows in schönem Garten; unter deutscher Leitung. Ⓢ
🏠 **Rumah Makan Nanjung,** Jl. Pasanggraha. Im netten Restaurant gibt es köstliches Seafood. Ⓢ

Zentraljava

Die Provinz Zentraljava ist zusammen mit der Sonderregion Yogyakarta das bäuerliche Kernland Javas, wo die Volksgruppe der Javaner und mit ihr die javanische Kultur zu Hause sind. Die Landschaft entfaltet ihren größten Zauber am frühen Morgen, wenn die Reisterrassen in weiches Licht getaucht sind, die Bauern die Kühle nutzen, um die Felder zu bestellen und die Vulkankegel noch nicht in den Wolken verschwunden sind.

Der Reisanbau war schon die Grundlage der indisierten Reiche des 8.–10. Jhs. Überschüsse schufen die finanziellen Möglichkeiten zum Bau repräsentativer Bauten wie des buddhistischen Borobodur und 100 Jahre später seines hin-

Das Leben des Buddha

Vieler Leben bedarf es, bevor wir der Erleuchtung teilhaftig werden ... Von der letzten Existenz des Prinzen Gautama Siddhartha, der als Buddha („der Erleuchtete") verehrt wird, erzählen die Reliefs der ersten Borobudur-Terrasse. Um das Jahr 560 v. Chr. wurde Prinz Gautama Siddhartha an einem Fürstenhof im Tiefland Nepals geboren. Dem Prinzen wurde von weisen Männern prophezeit, daß er entweder ein Weltbeherrscher oder ein Weltenüberwinder werden würde. Natürlich wünschte sich der fürstliche Vater, der Sohn möge sein Nachfolger werden. Den Prinzen zog es jedoch in die Welt, und auf vier Ausfahrten hatte er Begegnungen, die sein weiteres Leben entscheidend prägen sollten.

Er traf nacheinander auf einen kranken, einen alten und einen toten Mann und erkannte, daß Leiden der Welt innewohnt. Auf der vierten Ausfahrt jedoch traf er einen Asketen, der das Leid der Welt hinter sich gelassen zu haben schien. Ihm wollte Siddhartha nach-

eifern. In einer Nacht, er war 29 Jahre alt, stahl er sich aus dem Palast. Er streifte das Bettelgewand über und zog von Lehrer zu Lehrer, doch keiner der Weisen konnte ihm einen Weg zur Erleuchtung zeigen. Gautama versuchte es mit strenger Askese, erkannte jedoch, daß jede Übertreibung schädlich ist, und daß das Heil in der Mitte zwischen den Extremen liegt. Die Erleuchtung fand er schließlich in tiefer Meditation unter einem Feigenbaum (Ficus religiosa). Aus dem suchenden Wandermönch war der Erleuchtete, der Buddha, geworden. Er erinnerte sich seiner früheren Existenzen, er erkannte, wie Leben, Leiden, Karma und Wiedergeburt einander bedingen, und wie sie zu überwinden sind.

Zum Wohle der Menschheit entschloß sich Buddha, nicht gleich ins Nirwana einzugehen, sondern sein Wissen weiterzugeben, und im Gazellenpark zu Sarnath (Nordindien) hielt er seine erste Predigt und setzte das Rad der Lehre in Bewegung.

duistischen Pendants, des Prambanan. Unter den Feldern und unter Lavamassen schlummern noch zahllose Überreste alter Reiche.

Auch nach dem Sieg des Islam blieb Zentraljava mit dem Reich von Mataram, aus dem 17. Jh. die Sultanate von Yogyakarta und Solo hervorgehen sollten, ein Machtzentrum. Doch hier, wo prachtvolle Tempel an hinduistische und buddhistische Reiche erinnern, hatte es der Islam schwer, sich durchzusetzen. Die Puppenspieler erzählen bis zum heutigen Tag die Geschichten aus dem alten Indien, die vielen jungen Javanern vertrauter sind als die Worte Mohammeds. Die Vermischung des Alten mit dem Neuen schuf in den Kratons eine eigenständige javanische Kultur mit ihrer Mystik, ihrem Hofzeremoniell, ihren Handwerkstechniken und ihren Künsten. Batik, Kris- und Silberschmiedekunst, höfischer Tanz, Gamelan und Wayang sind nirgends so verwurzelt wie in Zentraljava und bis zum heutigen Tag lebendig.

Der weltberühmte Borobudur

In jedem der 72 Stupas sitzt ein Buddha

Der beste Standort für eine Besichtigung der großartigen Tempel ist **Yogyakarta,** s. S. 42.

*** Borobudur

Um das Jahr 800 – rund 1300 Jahre nach dem Tod Gautama Buddhas, 300 Jahre vor Angkor Wat, dem einzigen vergleichbaren Bauwerk des Buddhismus, begann die Sailendra-Dynastie mit einem der größten Bauvorhaben der Menschheitsgeschichte, das in die Blütezeit buddhistischer Kunst und Architektur auf Java fällt. Gegen Ende des 9. Jhs. wurde die Sailendra-Dynastie von der hinduistischen Sanjaya-Dynastie vertrieben, und bereits 930 verlagerte sich der Machtschwerpunkt von Zentral- nach Ostjava, so daß dem Borobudur nur eine kurze Glanzzeit beschert war. Die tropische Vegetation

nahm von ihm Besitz, und er geriet für 1000 Jahre in Vergessenheit. Erst 1814 begannen die Ausgrabungsarbeiten, und im Februar 1984 erklärte Präsident Suharto bei der feierlichen Wiedereinweihung nach Abschluß der Restaurierungsarbeiten, die unter der Leitung der UNESCO 10 Jahre lang gedauert hatten, den Borobudur zum Nationaldenkmal. Der Urwald, der ihn einst umgab, ist längst abgeholzt, und der „Archäologische Park" mit den riesigen Parkplätzen rundherum hat ihn endgültig vom Heiligtum zur Sehenswürdigkeit degradiert. Wer jedoch um 6 Uhr morgens, vor der Ankunft der Reisebusse, beim Öffnen der Tore bereitsteht, kann noch etwas vom alten Zauber spüren, außerdem ist das Licht zum Fotografieren dann am besten. Heiligtum ist er nur noch in einer Vollmondnacht Ende Mai, wenn Buddhisten aus aller Welt beim *Waicak-Fest* den Geburtstag Buddhas feiern.

Bis heute gibt uns der Borobudur zahllose Rätsel auf, fällt seine Entstehung doch in eine Zeit, aus der uns keine schriftlichen Zeugnisse überliefert sind. Weder die Bedeutung des Namens noch die Funktion des Heiligtums sind geklärt. War er ein Kloster, bleibt die Frage nach den Wohnstätten der Mönche, denn der Borobudur hat keinen Innenraum, sondern wurde um einen natürlichen Hügel herum erbaut. Wenn er ein Mausoleum war, warum hat man keine Urnen gefunden? Vielleicht war er ganz einfach Ausdruck von Macht und Reichtum des Herrschers.

Das Gesamtbauwerk ist in der buddhistischen Terminologie ein *Stupa,* ein Grabhügel mit Reliquien des Buddha. Aus der Vogelperspektive betrachtet, bildet sein Grundriß ein *Mandala,* eine Meditationshilfe. Der Borobudur ist heute 33,5 m hoch, auf dem weichen Untergrund abgesackt von ursprünglich 42 m. Er hat die Form einer riesigen Stufenpyramide mit neun Terrassen, die sich nach oben verjüngen und mit drei Ebenen der Dreiteilung des irdischen Daseins im Mahayana-Bud-

dhismus entsprechen. Die unteren Terrassen sind rechteckig, und ihre Galerien sind mit insgesamt 1460 Bildreliefs geschmückt. 432 Buddha-Figuren sitzen in offenen Nischen. Die obersten drei Terrassen sind rund; in 72 durchbrochenen Stupas sitzt jeweils eine Buddha-Figur. Der Hauptstupa schließlich ist 8 m hoch, innen hohl und allen Legenden, die von unterschiedlichsten Funden berichten, zum Trotz – leer.

Die unterste Terrasse zeigt in 160 Reliefs Szenen aus dem täglichen Leben, die die unterste Sphäre des Mahayana-Buddhismus symbolisieren, die Wunschsphäre der menschlichen Existenz *(kamadhatu).* Die Darstellungen wurden kurz nach ihrer Fertigstellung zugemauert und sind deshalb hervorragend erhalten. Wenige Jahre nach ihrer Entdeckung mußten sie wieder zugemauert werden, da der ganze Berg einzustürzen drohte. Einige wenige Reliefs vermitteln einen Eindruck, die Fotografien der übrigen sind im kleinen Museum, das die Geschichte der Restaurierung dokumentiert, ausgestellt.

Die nächsten fünf Terrassen symbolisieren *rupadhatu,* die Sphäre der Form. Die Galerien sind zu beiden Seiten mit herrlichen Reliefs geschmückt. Sie erzählen die Buddha-Legende bis zur ersten Predigt Gautamas, dann *Jataka-Legenden,* Geschichten aus früheren Existenzen Buddhas, und Szenen aus dem Leben des *Bodhisattva* (Erlösungshelfer) Sudhana. Heute haben sie neben künstlerischem vor allem auch historischen Wert, da sie viel vom Leben im Java des 9. Jhs. verraten.

Auf den obersten Terrassen angekommen, ist die letzte Stufe der mahayana-buddistischen Sphären erreicht – *arupadhatu,* die Sphäre der Formlosigkeit. Hier bedarf es keiner Bilder mehr, denn der Besucher sollte der Lehre Buddhas ein Stück näher gekommen sein.

Der Borobudur liegt 42 km nordwestlich von Yogya. Minibusse fahren vom Terminal in der Jl. Veteran; in Muntilan muß man umsteigen.

Weitere Tempel im Umkreis des Borobudur

Candi Pawon und *Candi Mendut,* zur gleichen Zeit erbaut, waren wahrscheinlich vorbereitende Stationen des Pilgerweges zum höchsten Heiligtum. **Candi Pawon,** 1,5 km östlich gelegen, wurde zu Beginn unseres Jahrhunderts restauriert. Geweiht ist er Kuvera, dem Gott des Reichtums und des Glücks, der auf dem Relief über dem Eingang dargestellt wird. Die Steinbilder an den Außenmauern zeigen u. a. *Kinnaras,* Wesen, halb Mensch, halb Vogel, die am Prambanan wieder auftauchen. Der Innenraum ist heute leer.

Candi Mendut

Noch einmal 1,5 km östlich liegt **Candi Mendut,** mit seinen 26,5 m Höhe – trotz des verlorengegangenen krönenden Stupa – wesentlich größer als Candi Pawon. Die Tempelbasis ist von schönen Reliefs geschmückt, die nur teilweise zu entschlüsseln sind und wahrscheinlich Szenen aus den Jataka-Legenden darstellen. Der Tempelkern kann umschritten werden und ist mit außergewöhnlich großen Reliefs ge-

Souvenirstände am Borobudur

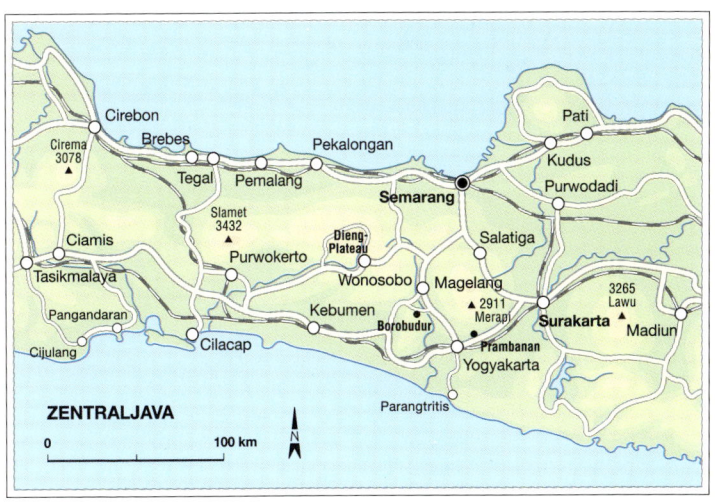

ZENTRALJAVA

0   100 km

schmückt. Bevor man den Innenraum des Tempels betritt, erregen noch einmal zwei große Steindarstellungen die Aufmerksamkeit: zwei Menschenfresser, die durch den Buddhismus zur Sanftmut bekehrt wurden. Im Innenraum finden Sie eine der schönsten Buddha-Figuren Indonesiens – ein 3 m hoher, sitzender Buddha, dessen Hände das *Dharmacakra-Mudra* formen, die Geste des Predigens, flankiert von den fast ebenso großen Statuen zweier Bodhisattvas. Häufig sind zu Füßen des Buddha Opfergaben zu finden, die wie das kleine buddhistische Kloster in der Nachbarschaft darauf hinweisen, daß Buddhas Lehre in Indonesien doch noch gegenwärtig ist.

*** Prambanan

Mit dem großartigsten hinduistischen Tempelkomplex Javas setzte sich die Sanjaya-Dynastie, die das erste Mataram-Reich begründete, ein imposantes Denkmal. Nachdem die buddhistische Sailendra-Dynastie, die sich im Borobudur verewigt hatte, aus Zentraljava vertrieben war, begann man wahrscheinlich gegen Mitte des 9. Jhs. mit dem Bau des prachtvollen Reichstempels; wie der Fund einer Urne mit Grabbeigaben belegt, handelte es sich gleichzeitig um ein königliches Mausoleum. Aber auch seine Glanzzeit war kurz, denn bereits im frühen 10. Jh. verlagerte sich aus bisher ungeklärten Gründen der Machtschwerpunkt von Zentral- nach Ostjava. Prambanan zerfiel und wurde im 16. Jh. von einem Erdbeben fast völlig zerstört. Fortan wurden die kostbaren Steine zum Häuser- und Straßenbau verwendet.

Erst 1937 begann man mit Restaurierungsarbeiten. In einem Staatsakt weihte Präsident Sukarno den Prambanan-Komplex 1953 wieder ein. Eine erneute Restaurierung Anfang der 90er Jahre läßt den Prambanan heute in neuem Glanz erstrahlen.

Im quadratischen Innenhof liegen insgesamt acht Tempel, die drei beherrschenden *Candis,* schon aus der Ferne sichtbar, sind der *Trimurti,* der hinduistischen Dreifaltigkeit geweiht. Der mittlere und mit 46 m höchste Tempel ist *Shiva,* dem Zerstörer und Erneuerer, zugeordnet, dem in Java die größte Verehrung entgegengebracht wurde; der südliche ist *Candi Brahma,* der nördliche *Candi Vishnu.* Alle drei Haupttempel ähneln sich: Am Sockel dominiert das sogenannte Prambanan-Motiv – ein Löwe, flankiert von Himmelsbäumen und je zwei Kinnaras (Wesen, die halb Vogel, halb Frau sind). Zum Tempelkern führt eine Treppe, auf deren Geländer sich Makara-Gestalten, Fabelwesen aus der indischen Mythologie, ranken. Um den Tempelkern herum verläuft eine Galerie, geschmückt mit Reliefdarstellungen, die zu den schönsten Arbeiten der indischen Periode auf Java zählen. Umschreitet man zunächst Candi Shiva und anschließend Candi Brahma im Uhrzeigersinn, kann man das Ramayana „lesen", die traurig-schöne Liebesgeschichte von Rama und Sita. Die Reliefs des Vishnu-Tempels dagegen erzählen Episoden aus der Krishna-Legende, die sich durchweg in schlechterem Zustand befinden und noch nicht alle eindeutig interpretiert werden konnten.

Den Haupttempeln gegenüber beherbergten drei kleinere Tempel wahrscheinlich die Reittiere der drei Gottheiten; im mittleren ist eine Plastik des Nandi-Bullen, des Reittiers von Gott Shiva, erhalten. An den Eingangstoren im Norden und Süden der Anlage stehen zwei gleichartige Tempel, deren Bedeutung nicht geklärt ist.

Ein idealer Zeitpunkt für den Besuch des Prambanan ist der Spätnachmittag, wenn die Touristenströme bereits weitergezogen sind, die Sonne langsam tiefer sinkt und die Tempel in ein sanftes Licht taucht. Eine besonders eindrucksvolle Kulisse bilden die Tempel für die Aufführungen des Ramayana-Balletts in den Vollmondnächten zwischen Mai und Oktober. Im *Trimurti-Theater* können Sie das ganze Jahr über eine gekürzte Fassung sehen (Di, Mi, Do 19.30–21.30 Uhr).

Prambanan liegt 17 km östlich von Yogya und ist von dort per Minibus ab Terminal Jl. Simanjuntak zu erreichen. Die Tempelbesichtigung ist per Taxi oder Fahrrad (kein Verleih am Tempel!) in einer Tagestour zu bewältigen. Alternativ ist eine Kombination aus Bemo und Fußmarsch möglich.

*Dieng–Plateau

Kühl und nebelverhangen ist es oft hier oben in 2100 m Höhe, und die vulkanischen Aktivitäten sind allgegenwärtig: Brodelnde Schwefelquellen verpesten die Luft, heißer Dampf entweicht den Rissen in der dünnen Erdkruste. Kein Wunder, daß hier schon früh Heiligtümer zur Besänftigung der Götter errichtet wurden. Tatsächlich kann man

Im Prambanan

Das Ramayana

Umschreitet man nacheinander die Heiligtümer des Shiva und des Brahma im Uhrzeigersinn, illustrieren Reliefs die schönste Liebesgeschichte aus der Welt des Hinduismus: Der Königssohn Rama, eine Inkarnation des Hindugottes Vishnu, gewinnt die Hand der schönen und tugendhaften Sita. Als ihn ein Halbbruder um den Thron betrügt, zieht er mit Sita und seinem Lieblingsbruder Lakshmana in die Verbannung. Die drei leben im Wald, wo sie Rawana, der Dämonenkönig entdeckt. Von der Schönheit Sitas geblendet, beschließt er sie zu rauben. Listig schickt er eine goldene Hirschkuh zur Hütte, der die Brüder prompt nachstellen. Rawana schleppt die schutzlose Sita nach Lanka. Voller Kummer machen sich Rama und Lakshmana auf die Suche. Unterwegs treffen sie den Affengeneral Hanuman, der ihnen seine Hilfe anbietet.

Die Fortsetzung der Geschichte erzählen die Reliefs des Brahma-Heiligtums:

Nach einem langen Kampf sind die Dämonen unterlegen. Sita und Rama ziehen vereint wieder in die Heimat und gewinnen den Thron zurück. Doch es gibt kein Happy-End. Rama wird mißtrauisch, als er von Sitas Schwangerschaft erfährt und verbannt die vermeintlich untreue Gattin, die in der Einsamkeit des Waldes Zwillinge gebiert. Diese wachsen heran und gelangen nach dem Tode der Mutter in das Reich des Vaters. Rama erkennt die Unschuld seiner Frau, überläßt einem seiner Söhne den Thron und beschließt sein Leben als Eremit.

Das Ramayana kennt in Java jedes Kind; viel populärer als diese düstere Fassung des Epos ist jedoch eine andere, die auch in tänzerischer Form in Vollmondnächten vor der Kulisse des Tempels dargeboten wird. In dieser Version beweist eine Feuerprobe Sitas Unschuld, und das Paar lebt glücklich bis ans Ende seiner Tage.

in dieser scheinbar gottverlassenen Gegend die ältesten erhaltenen Hinduheiligtümer Javas besuchen. Sieben Candis der Tempelstadt, die ins 8. Jh. datiert werden, sind erhalten geblieben. Das Umland den beiden Seen Telaga Warna (Farbensee) und Telaga Pengilon (Spiegelsee) ist reizvoll und lädt zu Spaziergängen ein.

Will man den Ausflug genießen, sollte man eine Zwischenübernachtung einlegen. Im Ort Dieng selbst gibt es einige einfache Losmen. Es bietet sich aber an, in dem kleinen Landstädtchen **Wonosobo** zu bleiben, von wo aus Dieng in eineinhalbstündiger Fahrt mit dem Minibus zu erreichen ist. Das beste Hotel des Ortes ist das *Bhima*, Jl. Jendr. Surdirman 4 ($), das Restaurant *Asia* ($) serviert vorzügliche chinesischindonesische Küche, und der urige *Markt* ist auf jeden Fall einen Besuch wert.

Parangtritis

28 km südlich von Yogya liegen die Sanddünen von Parangtritis. Die starke Strömung, die Baden zum lebensgefährlichen Abenteuer werden läßt, hat das Dorf mit dem dunklen Sandstrand vom Tourismus verschont. Für diese Brandung zeichnet Nyai Loro Kidul verantwortlich, die Göttin des südlichen Meeres, der ein intimes Verhältnis zu den Sultanen von Yogya nachgesagt wird. Jedes Jahr im März bringt der Sultan seiner imaginären Geliebten die während des Jahres angesammelten Finger- und Fußnägel sowie die Haarspitzen. Das Volk opfert der populären und gleichermaßen gefürchteten Göttin Blumen, Räucherstäbchen und Früchte.

⌂ **The Queen of the South,**
☎ 36 71 96, 📠 36 71 97.
Logis hoch über den Klippen. ($)
Unter den einfachen Losmen ist **Rango Bambu Inn** besonders empfehlenswert. ($)
🍴 Außer dem Restaurant im Hotel Queen of the South gibt es nur sehr einfache Eßmöglichkeiten.

* Surakarta

Die Stadt, kurz Solo genannt, streitet sich mit Yogya um den Rang der Kulturhauptstadt im Zentrum Javas. Solo wurde 1745 als Hauptstadt des Mataram-Reiches gegründet. Nach einem Streit um die Thronfolge kam es zur Teilung des Reiches, und in Yogya entstand ein zweites Fürstentum. Anders als die liberale Fürstenfamilie der Schwesterstadt standen die Herrscher Solos immer auf Seiten der Kolonialherrn. Auch heute gibt man sich konservativ, traditionell und behäbig und schaut ein wenig verächtlich hinab auf das quirlige Yogya, das sich ganz und gar dem Massentourismus geöffnet hat.

Der **Kraton** ist Sitz des *Susuhunan* von Solo, der im Gegensatz zu seinem Rivalen in Yogya nie den Titel Sultan annahm. Ein Teil des Palastes ist noch von der Fürstenfamilie bewohnt. Das *Palastmuseum* (🕐 9–12.30 Uhr) mit Krönungsinsignien, alten Waffen und einer umfangreichen Sammlung javanischer Schriften ist einen Besuch wert.

Wie Yogya ist Solo ein Zentrum der Batikherstellung. Günstige Stoffe und vieles mehr findet Sie, wenn Sie über den **Pasar Klever** gegenüber der Hauptmoschee bummeln.

Von Yogya aus ist Solo mit dem Zug, Bus oder Minibus zu erreichen.

⌂ **Solo Inn,** Jl. Brigjen 366,
☎ 02 71/4 60 75, 📠 4 60 76. Das zentral gelegene Hotel im Kolonialstil liegt in einem Garten und strahlt eine angenehme Atmosphäre aus. ($)
Sahid Kusuma, Jl. Sugipranoto 20. Sauberes und preisgünstiges Haus an der belebten Haupteinkaufsstraße. ($)
🍴 **The Orient,** Jl. Skamet Riyadi 337 A. Chinesische Küche vom Feinsten. ($)
New Holland Restaurant & Bakery, Jl. Slamet Riyadi 135. Kurioses Restaurant, das gute einheimische und internationale Küche sowie köstliche Backwaren serviert. Zu später Stunde Live-Musik. ($)

Ostjava

Die Provinz Ostjava, zu der auch die Insel Madura gehört, ist die bevölkerungsreichste Indonesiens. Die größte Gruppe der Einwohner stellen die Javaner. Die Maduresen leben v. a. im nördlichen Teil der Provinz, die Tenggeresen im Bereich des Tenggermassivs.

Farben- und Spiegelsee am Dieng-Plateau

Zwei Drittel Ostjavas sind Bergland, der vielbesuchte Gunung Bromo (2329 m) und der Gunung Semeru, einer der höchsten Berge Indonesiens (3676 m), sind nur zwei der zahlreichen noch tätigen Vulkane. Abgesehen von den Industrien rund um die 3-Mio.-Metropole Surabaya ist Ostjava Bauernland geblieben.

Mitte des 10. Jhs. wurde Ostjava für mehrere Jahrhunderte Brennpunkt der Inselgeschichte. Unter König Airlangga, der maßgeblich zur Popularisierung der indischen Religionen beitrug, begann die Blütezeit der Region. Vom 13.–16. Jh. war Ostjava Kernland des bedeutendsten indonesischen Reiches, dessen Grenzen Vorbild für das Staatsgebiet des heutigen Indonesien nach der Unabhängigkeit waren: Majapahit. Als der Ruf „die Moslems kommen!"

Am Dieng-Plateau stehen die ältesten Hinduheiligtümer Javas

Der Javamensch

Bereits 1891 hatte der holländische Kolonialarzt Eugene Dubois bei Madiun (Ostjava) im Trockenbett des Solo-Flusses eine Sensation zutage gefördert; ein Schädeldach, das von der Wissenschaft als Verbindungsglied zwischen Menschenaffe und Mensch gefeiert wurde, und das die damals noch äußerst umstrittene Evolutionstheorie Charles Darwins untermauerte. Der *Pithecanthropus erectus*, der aufrecht gehende Affenmensch, war schnell in aller Munde, und Java wurde etwas vorschnell zur „Wiege der Menschheit" erklärt. In den dreißiger Jahren untermauerten ergiebige Funde menschenähnlicher Wesen bei Sangiran, 20 km nordwestlich von Solo, die Tatsache, daß Java vor etwa 500 000 Jahren zu den ersten Siedlungsgebieten menschlichen Lebens gehörte – zu einem Zeitpunkt, als Mitteleuropa noch unter einer dichten Eisschicht lag. An unsere frühen Vorfahren erinnert bei Sangiran ein kleines, liebevoll eingerichtetes Museum (🕐 tgl. 8.30–14 Uhr).

Das Tenggerland

Das Bergland rings um den Bromo ist die Heimat der Tenggeresen, die von einer älteren javanischen Bevölkerungsgruppe abstammen. Sie gelten als Erben einer Kultur, die bis zum Reich von Majapahit zurückreicht und eine religiöse Vermischung von indo-javanischen mit buddhistischen Elementen hervorgebracht hat. Im kühlen Hochlandklima bauen die Tenggeresen auf kunstvoll terrassierten, bis zu 2000 m hoch gelegenen Feldern vornehmlich Zwiebeln, Kohl und Kartoffeln an, eine weitere wichtige Einnahmequelle ist der Tourismus. Zentrum ihrer Verehrung nach hinduistischen Bräuchen und Vorbildern ist der Bromo. Der heilige Berg der Tenggeresen wird zu Vollmond im zwölften Monat nach dem astrologischen Kalender zum Schauplatz des großen *Kesada-Festes,* bei dem Reis, Früchte, Zigaretten und Hühner als Opfergaben in den Krater hinabgeworfen werden, in den Wohnsitz Brahmas, des Schöpfergottes.

immer lauter wurde, flohen die letzten Edlen des Reiches nach Bali. Die hinduistische Volksgruppe der Tengger bewahrt ihren Glauben bis heute zurückgezogen in den Bergen.

Surabaya

Die zweitgrößte Stadt Indonesiens ist für Touristen meist nur Durchgangsstation. Einzige Sehenswürdigkeit ist der Zoo *Kebun Binatang.* Der Beiname, „Stadt der Helden", geht auf die Schlacht von Surabaya 1945 zurück, als 20 000 indonesische Soldaten im Freiheitskampf gegen die Briten fielen. Heute präsentiert sich Surabaya als vitale Industrie- und Handelsstadt mit dem bedeutenden Hafen Tanjung Perak.

🏨 **Hilton,** Jl. Gunungsari, ☏ 0 31/58 27 03, 🖷 57 45 04. Luxus pur, weit außerhalb der hektischen Großstadt. ⑤⟩⟩
Garden Hotel, Jalan Yos Sudarso 11, ☏ 0 31/52 10 01, 🖷 51 61 11. Beliebtestes Stopover-Hotel. ⑤⟩⟩
Sarkies, Jl. Embong Malang 7–11, ☏ 0 31/54 45 14. Einfach, aber solide. ⑤⟩

🏠 **Rumah Makan Ria,** Jl. Doeryat 7. Sehen und gesehen werden bei guter ostindonesischer Küche. ⑤⟩⟩–⑤⟩
Café Venezia, Jl. Ambengan 16. Internationale und asiatische Küche in einer alten Villa inmitten eines schönen Gartens. ⑤⟩
Pasar Genteng, Jl. Genteng Besar. Nach Sonnenuntergang duftet es verführerisch von den Ständen des Nachtmarktes. ⑤

** Gunung Bromo

Dieser Berg besitzt eine gerade magische Anziehungskraft, für Pilger wie für Touristen. Ausgangspunkte für Touren zum Bromo sind *Tosari,* erreichbar über Pasuruan, oder *Ngadisari* und *Cemoro Lawang* mit einer etwas längeren Anfahrt über Probolinggo. Der Staub und Lärm Surabayas scheinen mehr als eine Halbtagesreise entfernt zu sein – im über 800 km² großen Tenggermassiv glaubt man sich den Göttern nahe. In den frühen, noch dunklen und kalten Morgenstunden (warme Kleidung und Taschenlampen notfalls in den Unterkünften erhältlich!) setzen sich die Pilgerzüge in Bewegung, zunächst in allradgetriebenen Fahrzeugen, von Cemoro Lawang aus am besten zu Fuß oder auf Pferderücken.

Den besten Standort für das Naturschauspiel des Sonnenaufgangs bietet der Aussichtspunkt *Penanjakan,* 40 Minuten mit dem Jeep oder Minibus von Tosari entfernt. Von den insgesamt sieben Vulkanen, die sich inmitten des Sandmeeres der gewaltigen Caldera aufgebaut haben, ist der Krater des knapp 2329 m hohen Bromo das unruhige Herzstück vulkanischer Kräfte, die im April 1995 wieder zum Ausbruch kamen. Wie eine an den Berg gelehnte Leiter wirkt die lange Treppe zum Kraterrand, von dem aus ein schwindelerregender Blick in die Tiefe fällt. Unweit südlich der Caldera erhebt sich ehrfurchtgebietend der grandiose, gleichmäßige Kegel des **Gunung Semeru** (3676 m), und die umliegenden Gipfel leuchten in der Morgenröte, als wollten die Götter den Bergen Leben einhauchen.

🏠 **Hotel Bromo Permai I,** Cemoro Lawang, Tampi Arto Plaza, Jl. Suroyo 15, ☎ 0 31/2 12 98. Die Toplage am Calderarand läßt man sich bezahlen! Sehr einfach. Ⓢ **Bromo Cottages,** Tosari, ☎ 0 31/33 68 88, 🖷 0 31/ 33 68 33. Bungalowanlage mit herrlicher Aussicht, aber bescheidenem Komfort. Ⓢ 🏠 Nur in den Hotels.

Gläubige und Touristen pilgern in Scharen auf den Gunung Bromo

Blick vom Bromo

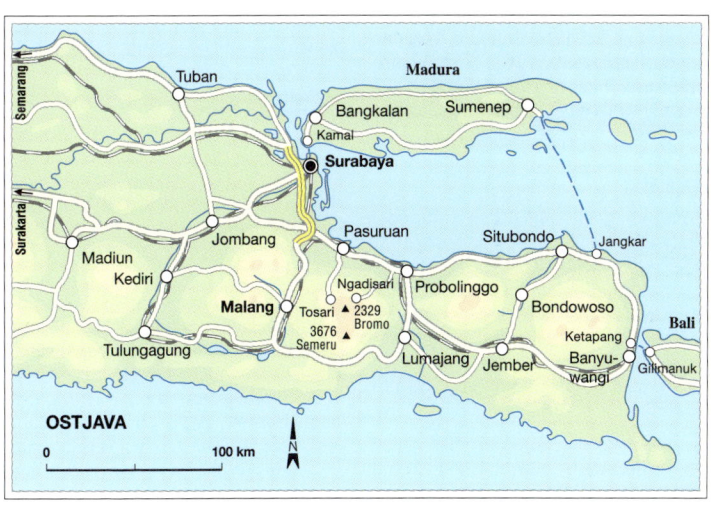

Bali

Insel der Götter und Dämonen

Bali, mit 5561 km² eine der kleineren Inseln des Archipels, aber mit rund 3 Mio. Einwohnern eine der dichtest besiedelten, ist eine hinduistische Enklave im Land mit den meisten Muslimen der Welt. Die farbenfrohe Hindukultur mit ihren Festen und Tänzen machte Bali schon früh zum Studienobjekt für Wissenschaftler, zur Inspirationsquelle für Künstler und schließlich zu einem Lieblingsziel des Massentourismus. Ursprünglich war die Insel flach und unfruchtbar, erzählt die Legende, dann flüchteten sich gegen Ende des 15. Jhs. die Edlen des hinduistischen Majapahit-Reiches vor dem Islam nach Bali. Sie brachten ihre Götter mit, und diese, heißt es, errichteten auf Bali ihre Throne in Form der heiligen Vulkane, die der Insel eine einzigartige Fruchtbarkeit schenkten. Den fruchtbaren vulkanischen Aschen zu danken sind die sattgrünen Reisterrassen, die, von den Reisbaugenossenschaften *(subak)* hingebungsvoll gepflegt und von der Reisgöttin Dewi Sri überwacht, bis zu drei Ernten im Jahr ermöglichen.

Religion

Untrennbar mit dem Alltag verbunden sind religiöse Zeremonien. Jeder Balinese ist eingebunden in eine Dorfgemeinschaft, die sich um die Instandhaltung der Tempel kümmert und die Feste ausrichtet. Die Frauen sind Meisterinnen im Kreieren kunstvoller Opfergaben zur Besänftigung von Göttern und Dämonen. Höhepunkte religiösen Lebens aber sind die zahllosen Feste.

Der balinesische Hinduismus, Hindu Dharma genannt, ist ein Sammelbek-

ken unterschiedlichster religiöser Strömungen, dem 94 % der Bevölkerung anhängen. Ahnenkult und Animismus (Glaube an die Beseeltheit der Natur) spielen nach wie vor eine wichtige Rolle, und neben dem Hinduismus hat auch der Buddhismus seine Spuren hinterlassen. Man huldigt und opfert einer unüberschaubaren Anzahl von Göttern und Geistern – und doch sind sie alle nur Manifestationen ein und desselben Gottes: Sanghyang Widi Wasa, des göttlichen Prinzips.

Jedes Gehöft hat einen Familientempel mit Ahnenschreinen, jedes Dorf besitzt drei Haupttempel: Ursprungstempel *(pura puseh)*, Dorftempel *(pura desa)* und Totentempel *(pura dalem)*. Dazu kommen Berufsgruppentempel, Reichstempel der Fürstengeschlechter und die Staatstempel wie Ulu Watu, Tanah Lot oder allen voran der Muttertempel Besakih, die von allen Balinesen verehrt werden. In jeden Tempel führt ein sogenanntes *gespaltenes Tor,* das die Zweiteilung des Kosmos, die Dualität menschlichen Daseins versinnbildlicht. Der Pura ist aber kein Ort regelmäßigen Gottesdienstes; die meiste Zeit liegt er verlassen da, doch anläßlich von Festen ist er bunt geschmückt, dann nämlich sind hier für ein paar Tage die Götter zu Gast, die nach allen Regeln der Kunst gefeiert werden.

Verhaltenstips

Badekleidung trägt man am Strand, nicht in der Stadt – und schon gar nicht im Tempel. Halbnackten Touristen ist es zu verdanken, daß viele Heiligtümer nicht mehr von Ausländern betreten werden dürfen. Hinweisschilder erläutern, was man in Bali unter korrekter Kleidung versteht: Knie und Schultern sollten auf jeden Fall bedeckt sein, um die Hüften gehört ein Tempelschal *(selendang),* der am Tempeleingang ausgeliehen werden kann. Bei Tempelfesten ist Zermonialkleidung (mit Sarong) erwünscht. Verhält man sich respektvoll und unauffällig, d. h. verzichtet man bei Tempelfesten auf das Fotografieren mit Blitzlicht, stört die Gläubigen nicht bei der Andacht, erhebt sich nicht über den Kopf eines Priesters und erklimmt keine Tempelschreine, ist man als Gast willkommen.

Verkehrshinweise

Der internationale Flughafen liegt 2 km südlich von Kuta. Wer per Taxi zu seinem Urlaubshotel oder -ort fahren möchte, kauft einen entsprechenden Coupon am Schalter. Die öffentlichen Verkehrsmittel, Busse und Bemos, sind billig, aber nicht gerade komfortabel. Für Ausflüge mietet man sich am besten einen Minibus mit Fahrer, der Preis ist Verhandlungssache.

Irgendwo wird auf Bali immer ein Tempelfest gefeiert

Feste für die Götter

Eine Prozession festlich gekleideter Menschen, die Frauen hochaufgetürmte Opfergaben balancierend, die Männer mit Gamelan-Instrumenten, zieht vorbei, verbreitet einen beachtlichen Lärm und legt den Verkehr Kutas lahm: Alltäglich und doch immer wieder einzigartig – ein Tempelfest auf Bali. Alle 210 Tage, so lang ist ein Jahr nach dem balinesischen Kalender, feiert ein Tempel Geburtstag *(odalan)*, bei der unüberschaubaren Anzahl von Tempeln auf der Insel vergeht also kaum ein Tag, an dem nicht irgendwo gefeiert wird. Mindestens eine Woche haben die Vorbereitungen gedauert, nun wird gebetet, geopfert, gegessen. Man unterhält sich selbst und die Götter mit Tanz, Schattenspiel und einem großen Jahrmarktspektakel.

Neben Odalan und den wichtigsten Festen des religiösen Jahres – *Galungan, Kuningan und Nyepi* (s. S. 20) – gibt es zahlreiche Zeremonien, die sogenannten Durchgangsriten, die den Balinesen bis über den Tod hinaus begleiten:

Verschiedene Riten stehen im Zusammenhang mit Geburt und erstem Lebensjahr des Kindes. Spektakulär ist die *Zahnfeilungszeremonie,* die zu Beginn der Pubertät stehen sollte, heute aus Kostengründen oft mit der Hochzeit gekoppelt wird. Bei der schmerzhaften Prozedur sollen durch Abschleifen der dämonenhaften Eck- und Schneidezähne die Leidenschaften gezügelt werden. Die *Hochzeit* macht den Balinesen zum vollwertigen Mitglied der Dorfgemeinschaft, das wichtigste Fest findet jedoch erst nach dem Tod statt – die *Verbrennungszeremonie.* Durch die Verbrennung der sterblichen Überreste wird nach balinesischem Glauben die Seele befreit und kann in eine andere Existenz übergehen. Da das Fest mit hohen Kosten verbunden ist, sind die Friedhöfe voll mit vorläufig Begrabenen. Ist ein Termin festgelegt, werden die Knochen im Rahmen einer aufwendigen Zeremonie wieder ausgegraben und auf einem Verbrennungsturm zum Verbrennungsplatz transportiert, wo sie in einen Tiersarkophag umgebettet werden. Schließlich läßt man die ganze Pracht in Flammen aufgehen, die Asche wird dem Meer oder einem zum Ozean führenden Fluß übergeben.

Sanur

An der Südostküste begann Mitte der 60er Jahre mit dem Bau des Bali Beach Hotel der Massentourismus. Unzählige Hotelanlagen sind inzwischen entstanden, architektonisch gefälliger als der Betonklotz des Bali Beach. Sanur ist trotz des riesigen Angebots an Unterkünften meist gehobener Preisklasse, an Restaurants und Boutiquen ein ruhiger Badeort geblieben. Der Strand ist kinderfreundlich, läßt aber vor allem bei Ebbe Schwimmen nur bedingt zu.

Vorwahl: 03 61

♨ **Bali Hyatt,** Jl. Bali Hyatt, ☎ 28 82 71, 📠 28 76 93. Wunderschöne Gartenanlage direkt am Strand. Pool und mehrere Restaurants. ⑤⟩⟩
Tanjung Sari, Jl. Tanjung Sari, ☎ 28 74 41, 📠 28 79 30. Eines der traditionsreichsten Hotels in Sanur, klein, exklusiv und direkt am Strand. ⑤⟩⟩
Segara Village, Jl. Segara, ☎ 28 84 07–8, 📠 28 72 42. Wunderschöne Bungalowanlage in Strandnähe. Sehr gutes Preis-Leistungs-Verhältnis. ⑤⟩
Santrian Beach Resort, Jl. Segara, ☎ 28 80 09, 📠 28 71 01. Schöne Bungalowanlage direkt am Strand. ⑤⟩
Puri Mango Guesthouse, Jl. Danau Toba 13 X, ☎ 28 84 11, 📠 28 74 80. Familiäre kleine Anlage mit Pool. ⑤⟩

♨ **Telaga Naya,** Jl. Bali Hyatt. Ausgezeichnete chinesische Küche in einem großen Garten. ⑤⟩
Kul Kul, Jl. Batu Jimbar. Schönes Restaurant, abends manchmal Tanzvorführungen. ⑤⟩
Mango Bar & Restaurant, dem Guesthouse (s. o.) angegliedert, aber direkt am Strand. Fischspezialitäten. ⑤
Donalds Cafe & Bakery, Jl Danau Tamblingan. Internationale und indonesische Küche sowie gute Backwaren. ⑤
Terrazza Martini, Banjar Semawang. Gute und preiswerte italienische Küche, direkt am Strand serviert. ⑤

Kuta, Legian, Seminyak

Die drei Badeorte an der Südwestküste sind längst zusammengewachsen. Kuta wurde in den 70er Jahren als Paradies der Traveller und Surfer berühmt. Noch immer gibt es die Billigunterkünfte und die Travellerszene, aber immer mehr Mittelklassehotels sind hinzu gekommen. Die nördlichen Nachbarorte Legian und Seminyak sind ruhiger und schicker. Das Nachtleben ist berühmt, die Wellen und die Sonnenuntergänge ebenfalls.

Vorwahl: 03 61

♨ **The Oberoi,** Jl. Kaya Aya, Legian, ☎ 75 10 61, 📠 75 27 91. Bungalowanlage der gehobenen Luxusklasse am nördlichen Legian Beach. ⑤⟩⟩
Poppies Cottages, Jl. Segara Batu Bolong (Poppies Lane 1), Kuta, ☎ 75 10 59, 📠 75 23 64. Die klassische Schönheit unter den Bungalowanlagen Kutas mit sehr beliebtem Restaurant. ⑤⟩
Sari Beach Inn, Jl. Padma, Legian, ☎ 75 16 35. Hübsche, sehr gepflegte und schattige Anlage direkt am Strand. ⑤⟩
Legian Garden Cottages, Jl. Legian, Seminyak, ☎ 73 08 76. Große Anlage mit einfachen Zimmern in schönem Garten. ⑤⟩
Nusa di Nusa, Jl. Camplung Tanduk, Seminyak, ☎ 75 14 14. Herrlich gelegene Bungalows, leicht verwilderter Garten, gern von Familien mit kleinen Kindern frequentiert. ⑤⟩
Sari Indah Cottages, Jl. Legian, Kuta, ☎ 75 40 47. Freundlicher Familienbetrieb. ⑤
Un's Guesthouse, Jl. Bene Sari, Gang Lusa, ☎ 75 26 07. Große Zimmer mit gediegener Einrichtung zu sehr günstigen Preisen. ⑤
Three Brothers, Jl. Padma, Legian, ☎ 75 15 66. Große Anlage mit Swimmingpool. ⑤

♨ **La Lucciola,** Seminyak, in der Nähe des Oberoi, neben dem Pura Petitenget. Der neueste „In"-Italiener in traumhafter Lage am Strand von Seminyak. ⑤

Warung Kopi, Jl. Legian, Legian. Im schattigen Garten werden Gerichte aus Ost und West sowie leckere Kuchen serviert. ⑤–⑤

Aromas of Bali, Jl. Legian, Kuta, ist eine gute Adresse für Vegetarier. ⑤

Am Strand von Sanur

Nusa Dua

Auf der trockenen Halbinsel Bukit Badung begann man Anfang der 80er Jahre mit der Errichtung eines Touristenghettos. Wer nur Sonne und Strand genießen will, kann hier unberührt von der balinesischen Realität seinen Urlaub verbringen.

Die Fünf-Sterne-Paläste entlang des Strandes – darunter Grand Hyatt, Sheraton Lagoon, Grand Mirage, Bali Hilton, Amanusa –, allesamt eingebettet in tropische Gartenanlagen, machen sich gegenseitig Konkurrenz. Sie verfügen allesamt über Swimmingpool, Läden und mehrere Restaurants, deren Preisniveau dem der Hotels angepaßt ist.

🏨 Wer die hohen Preise der Hotelrestaurants vermeiden will, findet im Dorf Bualu, rund 15 Minuten zu Fuß von den meisten Hotels, nette Restaurants, die von indonesischer Küche über Seafood bis hin zu Pasta und Steak alles servieren. Sie liegen allesamt an der Hauptstraße des kleinen Ortes. Versuchen sie das *Parajungle, Nelayan* oder *Topeng.*

Pura Jagatnata in Denpasar

Denpasar, Mengwi, Tanah Lot

Denpasar, die Hauptstadt Balis, ist eine hektische Großstadt mit Verkehrschaos, Lärm und Gestank, die meist umfahren wird. Wer sich für Kunst und Kultur der Insel interessiert, sollte aber zu-

Pura Tanah Lot in spektakulärer Lage

mindest dem * *Bali-Museum* einen Besuch abstatten. Die schon von den Holländern 1932 gegründete Sammlung umfaßt neben neolithischen Funden Masken, Wayang-Puppen, Krise und andere Kultgegenstände, Holzschnitzereien und Gemälde (☉ Di–So 8.30–17 Uhr). Das Museum liegt am zentralen Puputan-Platz, wo ein Heldendenkmal an den Selbstvernichtungskampf *(puputan)* des Fürstenhauses von Badung 1906 erinnert. Direkt neben dem Museum liegt der wichtigste Tempel der Stadt, *Pura Jagatnata*.

Nachdem man sich in westlicher Richtung durch das Verkehrschaos gekämpft hat, öffnen sich weite Reisterrassenlandschaften, und durch kleine Dörfer gelangt man zum * **Pura Taman Ayun** von *Mengwi,* einer der schönsten Tempelanlagen des Südens, ganz umgeben vom Wasser eines aufgestauten Flusses. Den inneren Hof dürfen Touristen nicht mehr betreten, aber ein Weg führt um die Anlage herum und erlaubt gute Einblicke in den Hof mit zahlreichen Meru und phantasievoll gestalteten Götterthronen. Vom Turm mit der Signaltrommel *(kulkul)* im mittleren Hof genießt man einen schönen Blick über die Gesamtanlage.

Auf dem Weg zum Pura Tanah Lot kann man einen Stopp im Affenwald **Alas Kedaton** einlegen. Durch einen Wald von Souvenirbuden muß man sich zu den gefräßigen Affen durchkämpfen, bevor es im Konvoi mit zahlreichen anderen Touristenbussen zum * **Pura Tanah Lot** weitergeht, dem berühmtesten Platz Balis, den Sonnenuntergang zu beobachten. Spektakulär liegt das Heiligtum, das zu den Reichstempeln gezählt wird, auf einem Felsvorsprung, an dem die tosenden Wellen des Indischen Ozeans nagen. Der Tempel selbst ist Touristen nicht zugänglich, aber man kann den Blick auf das Heiligtum von einem der Cafés auf dem gegenüberliegenden Felsvorsprung bei einer frischen Kokosnuß genießen. Das Licht der untergehenden Sonne taucht den Tempel in ein magisches Licht, das

die Touristenscharen vergessen läßt, und manchmal an wolkenlosen Abenden taucht sie am Horizont wie ein glühender Ball ins Meer, als ob sie von den kühlenden Fluten gelöscht werden wollte.

Bratan-See, Lovina Beach, Pupuan

Über Denpasar und Mengwi fährt man Richtung Norden. Etwa 30 km geht es stetig bergauf, während die Reisfelder durch Obst- und Gewürzplantagen und schließlich durch Gemüsefelder abgelöst werden. Deutlich frischer als an der Küste ist es im Hochland um den Bratan-See.

Kurz vor Erreichen des Sees lohnt ein Stopp am Markt von **Candi Kuning,** wo Gewürze, Obst, Gemüse und Orchideen angeboten werden. Bei einem urzeitlichen Vulkanausbruch entstand die riesige Caldera, die vom

Bratan-See ausgefüllt wird, der eine beliebtes Urlaubsziel vor allem javanischer Touristen ist. Unten am See kann man sich am Warung oder in einem Restaurant stärken, bevor man den **Pura Ulun Danu,** der Göttin der heiligen Bergseen geweiht, besucht. Zwei der Schreine liegen malerisch im See, dessen Atmosphäre man am besten auf einer Fahrt mit dem Auslegerboot genießen kann.

Durch Bergwälder windet sich die Straße zur Küste. Unterwegs begegnet man Affen, die noch nicht so überfüttert sind wie ihre Artgenossen in den touristisch voll erschlossenen Affenwäldern, und auf halbem Weg führt von **Gitgit** ein Spaziergang zum sehenswerten *Wasserfall.*

Vorbei an *Singaraja,* der größten Stadt Nordbalis, erreichen Sie

Lovina Beach mit seinen schwarzen Sandstränden, wo das Leben im Vergleich zu den Badeorten im Süden noch seinen gemächlichen Gang nimmt. In einem der Restaurants kann man Mittagspause machen (wer ein paar Tage an der ruhigen Nordküste bleiben will, findet eine reiche Auswahl an Unterkünften jeder Kategorie), bevor man sich auf die Weiterfahrt entlang der Küste begibt, vorbei an den einzigen Weinpflanzungen Balis. Bei *Sererit* biegt man ab auf die wenig befahrene Straße gen Süden, die einige landschaftliche Höhepunkte zu bieten hat. Eine der schönsten *Reisterrassenlandschaften* Balis wird hinter *Pupuan* langsam abgelöst durch Kaffee- und Salakplantagen, Nelkenpflanzungen und Kokoswälder. Bei *Tabanan* erreichen Sie wieder die Hauptstraße, die zurück in die Badeorte des Südens führt.

Reisgarben

*Ulu Watu

Am Fuße der trockenen Bukit-Halbinsel liegt, dramatisch am Rande der Klippen, der Meerestempel Ulu Watu, der von den von allen Balinesen verehrten Reichstempeln gezählt wird. Die Wellen sind höher als irgendwo anders auf Bali, kein Wunder, daß hier der Legende nach die Göttin Dewi Danu Schiffbruch erlitt. Heute ist die Bran-

Lotosblüte

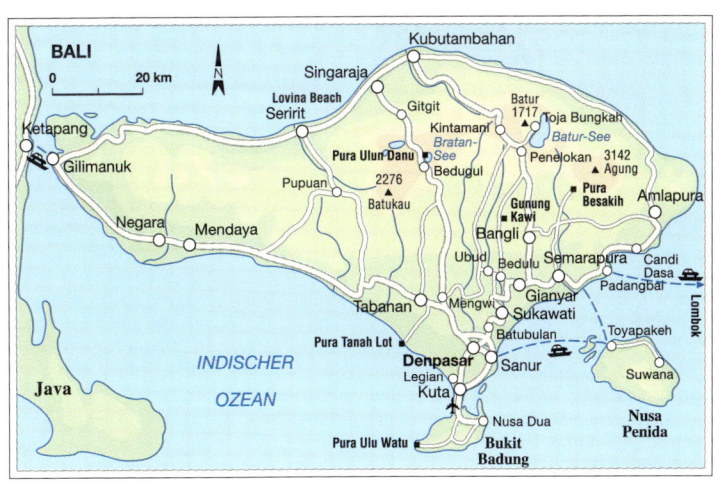

dung eine Herausforderung für Surfer. Ulu Watu sollten man zum Sonnenuntergang besuchen, im Gegensatz zum zweiten Sunset-Spot Tanah Lot ist es hier fast menschenleer (umso zahlreicher sind die diebischen Affen – Achtung!), wenn der Himmel sich langsam verfärbt und die Silhouette des Tempels an einen japanischen Holzschnitt erinnert.

** Ubud

In den 30er Jahren dieses Jahrhunderts ließen sich im Inselinneren die europäischen Maler Walter Spies und Rudolf Bonnet nieder und gründeten zusammen mit dem Fürsten Cokorde Sukawati die Künstlervereinigung „Pita Maha". Ihnen folgten weitere Künstler und Wissenschaftler aus dem Westen, und in den 70er Jahren entdeckten die ersten Touristen den kleinen Ort und seine schöne Umgebung.

Heute werben in und um Ubud neben zahllosen Losmen auch Luxusresorts, ausgezeichnete Restaurants und Kunstgalerien. Läden über Läden, Tanz- und Theateraufführungen, Musik-, Tanz-, Kochkurse – das Angebot ist riesengroß.

Auch die besten Tanzgruppen der Insel sind hier zu Hause; allabendlich stehen Aufführungen im Fürstenpalast auf dem Programm.

Puri Lukisan, im Ortszentrum gelegen, oder das *** Neka-Museum,** 2 km nördlich des Tjampuhan-Hotel, geben einen hervorragenden Überblick über die Entwicklung der balinesischen Malerei. Besonders wer Gemälde kaufen will, sollte sich hier vorher informieren. (⊙ beide 8–16 Uhr.)

Naturliebhabern hat die Umgebung einiges zu bieten. Die herrlichen Reisterrassenlandschaften laden ein zu Spaziergängen, Wanderungen und Fahrradtouren (Informationen und entsprechende Karte im Bina Wisata, s. unten).

In der Nähe können unerschrocken Wasserliebhaber White Water Rafting versuchen.

Vom **Markt** im Zentrum führt die Monkey Forest Road, die sich in eine wahre Shopping-Meile verwandelt hat, nach Süden. Am Ende liegt der **Affenwald** von Ubud, der noch nicht so überlaufen ist wie Alas Kedaton (s. S. 66) oder Sangeh.

Vorwahl: 0361

❶ **Bina Wisata,** Jl. Raya Ubud, im Zentrum. In dem kleinen privaten Informationsbüro kann man Tanzvorstellungen oder Rafting-Trips buchen, aber auch Informationen zu Festen oder Verbrennungszeremonien erhalten.

🏠 **Amandari,** Kedewatan, ☎ 97 53 33, 📠 97 53 35. Das Nonplusultra – ein Stück Paradies ab 300 US$ pro Nacht. ⓈⓈⓈ

Pita Maha, Tjampuhan (Informationen erhalten Sie über das Tjampuhan-Hotel). Das neueste Hotel in Ubud schickt sich an, dem Amandari Konkurrenz zu machen – zu zivileren Preisen. ⓈⓈⓈ

Tjampuhan, Campuan, ☎ 97 53 68, 📠 97 51 37. Die einzigartige Atmosphäre entschädigt für manchen Schönheitsfehler. Schon Walter Spies baute an diesem herrlichen Fleckchen Erde sein Haus. Ⓢ

Pringga Juwita, Jl. Bisma, ☎, 📠 97 57 34. Sehr zentral und trotzdem ruhig gelegen. Mehrere Kategorien vom einfachen Zimmer bis zum Bungalow. Ⓢ–Ⓢ

Dewi Sri Bungalows, Jl Hanoman 69, ☎ 97 53 00, 📠 97 57 77. Ein kleines Juwel am Rande der Reisfelder. Ⓢ–Ⓢ

🏠 **Casa Luna,** Jl. Raya, im Zentrum. Innovative Speisekarte und hervorragende Backwaren. Wem es schmeckt, der bucht am besten gleich einen Kochkurs (Informationen im Café). Ⓢ

Bebek Begil, Jl. Hanoman, schräg gegenüber den Dewi Sri Bungalows. Wunderschönes Restaurant am Rande

der Reisfelder mit abwechslungs-
reicher Speisekarte. Ⓢ

Miro's, Jl. Raya, westlicher Ortsrand.
Gartenrestaurant mit verlockender
Karte. Das Essen ist nicht nur gut,
sondern auch schön präsentiert. Ⓢ

Café Wayan, Monkey Forest Road.
Wunderschöner Garten, in dem man
sich die berühmten Kuchen und Brote,
indonesische, europäische und thai-
ländische Küche schmecken lassen
kann. Ⓢ

Die Straße der Kunst und Kunsthandwerker

Von den Zentren des Südens oder von
Ubud aus fährt man morgens nach **Batubulan.** In den Werkstätten des Stein-
metzdorfes entstehen phantasievolle
Figuren aus der Mythologie, die die balinesischen Tempel, aber auch Hotels
und Restaurants schmücken. Man kann
aber auch nach Herzenslust in den
zahlreichen Geschäften mit echten und
falschen Antiquitäten stöbern, und auf
gar keinen Fall sollte man sich den
* *Barong-Tanz* entgehen lassen, der inzwischen auf mehreren Bühnen im Ort
allmorgendlich zwischen 9.30 und
10.30 Uhr zu sehen ist.

*Die Barong-Tänze von Batubulan
sind berühmt*

Etwa 2 km weiter nördlich liegt **Celuk,**
Heimat der Silberschmiede. Etwa jedes
zweite Gehöft entlang der Straße ist
eine Schmuckgalerie. Gehen
Sie in die Seitenstraßen, dort
sind die Preise günstiger und
Sie können in den kleinen
Familienbetrieben bei der
Herstellung der kunstvollen
Filigranarbeiten zuschauen.

Der Muttertempel Pura Besakih

Mas ist das Zentrum der
Holzschnitzkunst. Das Angebot der Galerien ist riesig,
und es macht Spaß, die
kunstvollen Arbeiten aus
Ebenholz, Sandelholz, Hibis-
kusholz etc. zu erfühlen. Um
die Preise darf gefeilscht werden!

*Blick von Kintamani auf den
Batur-See*

Gunung Batur und die ältesten Heiligtümer

Über die Bezirkshauptstädte Gianyar und Bangli schraubt man sich langsam ins Hochland des **Gunung Batur** (1717 m). Vom Dorf *Penelokan,** in rund 1400 m Höhe am Caldera-Rand gelegen, bietet sich bei guter Sicht (frühmorgens losfahren!) ein phantastischer Blick auf den Vulkan und den gleichnamigen See. Interessant ist eine Fahrt durch die Lavafelder, die von der letzten großen Eruption 1963 zeugen, bis zum Ort **Toya Bungkah,** der auch Ausgangspunkt für die Besteigung des Vulkans ist.

Entlang des Caldera-Rings Richtung Kintamani gibt es mehrere Restaurants, in denen man Mittagspause machen kann, für den Rückweg wählt man die Route über **Tampaksiring,** die durch altes Königsland und die archäologisch interessanteste Region der Insel führt.

300 Stufen führen in *Gungung Kawi** ins vermutlich 11. Jh. Die neun Steinmonumente in einem herrlichen Tal wurden erst in den 20er Jahren unseres Jahrhunderts entdeckt. Sie erinnern stark an javanische Tempel, und wahrscheinlich handelt es sich um Ehrenmale für König Udayana oder für dessen Sohn Anak Wungsu und Familie.

Pejeng war einst die Heimat der ersten nachweisbaren balinesischen Königsdynastie. Der *Pura Penataran Sasih* ist der bekannteste unter den zahlreichen Tempeln des Ortes, denn in einem seiner Schreine hat der vielleicht größte erhaltene Bronzegong der Welt, der „Mond von Pejeng", eine Heimat gefunden.

Wenige Kilometer südlich bewacht ein Monster aus Stein den Eingang der **Goa Gajah,** der „Elefantenhöhle", die, erst in den 20er Jahren freigelegt, vermutlich im 11. Jh. als Einsiedelei für shivaitische Mönche diente. Hinter einem Badeplatz mit wasserspendenden Himmelsnymphen führt ein Pfad zu Überresten einer buddhistischen Mönchsklause – Hinweis auf ein friedliches Nebeneinander der beiden indischen Religionen.

Klungkung und Besakih

Über Gianyar geht es ostwärts bis nach **Klungkung** oder **Semarapura,** wie die Stadt seit neuestem wieder heißt, die Heimat des einst wichtigsten balinesischen Fürstenhauses. Der Palast des Dewa Agung wurde 1908 von den Holländern zerstört, nachdem der Fürst und sein Gefolge den rituellen Selbstmord *(puputan)* einem Leben unter holländischer Fremdherrschaft vorgezogen hatten. Zwei Pavillons des einstmals prunkvollen Palastes wurden restauriert, darunter die ehemalige Gerichtshalle *(kerta gosa),* deren berühmte Malereien im Wayang-Stil (s. S. 26) die Strafen der Hölle drastisch schildern.

Weiter geht es bergwärts in nördlicher Richtung zum Muttertempel ****Pura Besakih,** der sich in 900 m Höhe an die Hänge des Gunung Agung (3142 m) schmiegt. Die Straße wird zusehends steiler und kurviger, und nach etwa einer Stunde erreicht man das Dorf Besakih. Das genaue Alter des wichtigsten balinesischen Heiligtums kennt man nicht, man nimmt aber an, daß bereits in vorhinduistischer Zeit hier die Geister der Berge verehrt wurden. Der riesige Komplex mit mehr als 40 Einzeltempeln wird von den zugehörigen Dofgemeinschaften, Berufsgruppen und Königshäusern unterhalten. Der Agung, an dessen Hängen sich die Tempelanlage erstreckt, ist nach balinesischem Glauben Wohnsitz des Gottes Shiva. 1963 spuckte der Vulkan zum letzten Mal Feuer.

Touristen werden um das eigentliche Heiligtum herumgeleitet. In der Nordostecke des Hauptkomplexes liegt ein kleiner Warung; hier sollte man Halt machen und den Blick über die Gesamtanlage genießen.

Lombok

Senggigi Beach

Der kleine Nachbar Balis

Die Insel (4600 km²) liegt in der landschaftlichen Übergangszone jenseits der Wallace-Linie, zwischen der üppigen Tropenlandschaft der westlichen Inseln und dem trockenen, kargeren Ostindonesien. Vor allem an der Westküste locken Badeparadiese. Dort leben zahlreiche balinesische Hindus, doch 75 % der rund 2 Mio. Inselbewohner gehören zur Volksgruppe der heute mehrheitlich muslimischen Sassak. Die auf Lombok beheimatete *wetu telu*-Religion, in der sich Animismus, balinesischer Hinduismus und Islam vereinen, wird heute mehr und mehr vom Islam verdrängt.

Kuta Beach

Alle Reisewege führen über Bali: Ab Denpasar fliegen Merpati und Sempati mehrmals täglich (40 Min.), ab Benoa verkehren die Schnellboote von Mabua Express (mind. 2 Std.), in Padang Bai legen die Fähren (mind. 4 Std.; wenig komfortabel) ab. Auf Lombok fahren Minibusse ab Flughafen Ampenan und ab Hafen Lembar zu den gewünschten Zielorten. Am Flughafen gibt es auch Taxen (Couponsystem).

Sassak-Mädchen

Touristisch am besten erschlossen ist **Senggigi Beach**. Entlang des kilometerlangen herrlichen Strandes mit guten Bademöglichkeiten und jenseits der Straße finden Sie Unterkünfte jeder Kategorie. Shopping Centres, ein Night Market und Strandhändler haben alles, was das Touristenherz begehrt. Relativ abwechslungsreich ist auch das Nachtleben (Diskos, Pub, Live-Musik).

🏠 **Sheraton Senggigi Beach,**
☎ 03 64/9 33 33, 🖷 9 31 40. Herrliche Anlage mit viel Atmosphäre und

schönem Pool, direkt am Strand. $))
Senggigi Beach Hotel, ☎ 03 64/
9 34 39, 🖨 9 42 00. Zimmer und Bungalows in weitläufiger Gartenanlage
direkt am Strand. $))
Pondok Senggigi, ☎ 03 64/9 32 73,
🖨 9 32 76. Die Zimmer mit Ventilator
und Bungalows mit Klimaanlage sind
bei jungen Leuten beliebt. Gutes Restaurant mit exzellentem Service und
mehrmals wöchentlich Live-Musik. $)

🍴 **Arlina,** Jl. Raya Senggigi. Stilvolles
Restaurant mit guter indonesischer
und internationaler Küche. $)–$
Sunshine Restaurant, direkt am
Strand. Ausgezeichnete indonesische
Küche, Spezialität ist Seafood. $

Gili Air, Gili Trawangan und **Gili Meno**
sind kleine, vorgelagerte Inseln, die
man mit dem Auslegerboot erreicht.
Die Unterkunftsmöglichkeiten sind
noch bescheiden, aber zumindest ein
Tagesausflug lohnt, um in den herrlichen Korallengärten zu schnorcheln.

Ein Ausflug führt über das Städtekonglomerat *Ampenan/Mataram/Cakranegara* (250 000 Einw.) – am Stadtrand
lohnt der große Markt in **Sweta** einen
Stopp – durch kleine Weber- und
Töpferdörfer zur Südküste. Kurz vor
Kuta kann man sich ein typisches Sassak-Dorf anschauen. **Kuta Beach** hat
außer ein paar sehr einfachen Bungalowanlagen und einem diesseits der
Straße gelegenen Strand – landschaftlich schön, aber völlig ohne Schattenspender – nicht viel zu bieten.

Landschaftlich abwechslungsreich ist
die Fahrt durch die malerische Reisterrassenlandschaft ins Hochland.
Loyok können Sie den Korbflechtern
zuschauen. **Tetebatu** liegt sehr schön
in angenehm kühler Höhenluft und
beitet einen herrlichen Blick auf den
Göttersitz **Gunung Rinjani.** Der 3726 m
hohe Vulkan, ist eine Herausforderung
für Bergwanderer, die dafür vier Tage
Zeit und eine gute Kondition mitbringen sollten (Wanderschuhe sind notwendig, die übrige Ausrüstung kann
in Senggigi ausgeliehen werden).

Sumatra

Das Rohstofflager des Archipels

**Die fünftgrößte Insel der Welt ist ein
Paradies für Ethnologen, Biologen und
Naturliebhaber. Die Insel ist in ihrer
Gesamtheit durchzogen von einer vulkanischen Gebirgskette, die im
Westen steil abfällt, im Osten aber in
regenwaldbewachsene Ebenen ausläuft – eine Wildnis, die noch längst
nicht überall gezähmt ist, aber mehr
und mehr von Bauern und Holzfällerfirmen zurückgedrängt wird. Die
Regenwälder Sumatras sind (noch) die
Heimat einer ungeheuer reichen Tier-
und Pflanzenwelt, so gedeiht hier z. B.
die Rafflesia, die größte Blume der
Welt, und vereinzelt durchstreifen
noch Orang-Utans, Elefanten, Königstiger und Nashörner die Wildnis.**

**Die Insel war durch die Lage an der
Straße von Malakka Brückenkopf zum
malaiischen Festland, und neue Strömungen gewannen hier früher als auf
anderen Inseln an Einfluß. Srivijaya,
das größte buddhistische Reich auf
indonesischem Boden, hatte vom 7.
bis 14. Jh. seinen Sitz in Südsumatra.
An der Nordspitze der Insel nahm der
Siegeszug des Islam seinen Anfang,
und immer noch leben in Aceh, der
nördlichsten Provinz, die orthodoxesten Jünger des Propheten. Gleichzeitig hat im Gebiet des Toba-Sees,
wo die Gotteshäuser den Batak-
Häusern ähneln, die progressivste
unter den christlichen Kirchen
Indonesiens ihren Sitz.**

Die Holländer verwandelten im 19. Jh.
weite Teile Nordsumatras in Plantagenland. Mit dem weltweit bekannten „De-

Minangkabau-Frau

li-Deckblatt" begann der Aufstieg des ehemaligen Sultans unter holländischer Regie. Es folgten Kaffee, Tee, Kautschuk und Ölpalmen. Mit der Entdeckung von Ölvorkommen auf der Insel Ende des 19. Jhs. wurde die Ausbeutung weiter vorangetrieben. Noch heute kommt ein Großteil der indonesischen Exportartikel aus Sumatra, sei es Erdöl, Kautschuk, Palmöl, Erdgas, Zinn, Kaffee, Tee, Gewürze oder Tabak. Trotz dieses Reichtums ist Sumatra Außeninsel geblieben – im Schatten Javas, wo nach wie vor der Großteil der verarbeitenden lndustrie zu finden ist.

Nordsumatra

Medan

Bis ins 19. Jh. war die Stadt, die heute mit mehr als 2 Mio. Einwohnern zu den größten Städten Indonesiens gehört, ein unbedeutendes Dorf, im Zentrum des Machtkampfes zwischen den Sultanaten Aceh und Deli gelegen (daher auch der Name Medan, der soviel bedeutet wie „Schlachtfeld"). Die Holländer bauten hier Mitte des 19. Jhs. ein Plantagenzentrum auf. An diese Zeit erinnern noch einige Bauten: Der Freiheitsplatz, **Lapangan Merdeka**, ist das koloniale Zentrum der Stadt. Das ehemalige niederländische **Stadthuis** (heute Rathaus der Stadt), das alte Hotel de Boer (heute Hotel **Dharma Deli**), der **Bahnhof** und die **Javaanse Bank** zeugen von einstiger Pracht.

Die interessantesten Sakralbauwerke der multireligiösen Stadt sind die im Art-déco-Stil 1921 erbaute Immanuel-Kirche, heute Zentrum der Batak-Gemeinde, und die **Mesjid Raya**, die Große Moschee aus dem Jahr 1906, an der Jalan Sisingamangaraja gelegen. Eine der größten buddhistisch-taoistischen Tempelanlagen Indonesiens, der Vihara Gunung Timur Medan (Jl. Hang Tauh), ist Ausdruck der Bedeutung der chinesischen Minorität Medans. Parisada Hindu Dharma (Jl. Arifin) ist Haupttempel der Tamilengemeinde.

Der Sultanspalast **Istana Maimoon** (nahe der Jl. Katamso), 1888 von einem italienischen Architekten erbaut, zeugt von der Beziehung zwischen einheimischen Regenten und Kolonialherren, denn er wurde von dem Geld finanziert, das der Sultan durch Verpachtung seiner Ländereien an die Holländer einstrich. Der Palast wird heute noch von der Sultansfamilie bewohnt, aber einige Zimmer dieses sicher europäischsten unter den Sultanspalästen Indonesiens können besichtigt werden.

✈ Der internationale Flughafen Medan-Polonia wird von Garuda direkt aus Frankfurt/M., Wien und Zürich angeflogen. Per Taxi kommt man in die Stadt.

🚌 Überlandbusse verbinden Medan u. a. mit Parapat und Bukittinggi.

Vorwahl: 0 61

🏨 **Tiara Medan,** Jl. Cut Mutiah, ☎ 51 60 00, 🖷 51 01 76. Gesichtsloses Business-Hotel, aber vom Standard her Nummer eins. Ⓢ
Dharma Deli, Jl. Balai Kota 2, ☎ 32 70 11, 🖷 32 71 53. In Kolonialtagen als Hotel De Boer bekannt. Zumindest im alten Flügel hat sich etwas vom Flair dieser Tage erhalten. Ⓢ
Tapian Nabaru, Jl. Haing Tuah 6, ☎ 51 21 55. Einfach, solide, schön gelegen; in alter holländischer Villa. Ⓢ

🏨 **Garuda,** Jl. Gajah Mada 8. Ausgezeichnete Padang-Küche. Ⓢ
Ayam Kalasan, Jl. Iskandar Muda, beim Shopping Centre Medan Plaza. Javanisches Restaurant, Spezialität ist Hühnchen in Kokosmilch. Ⓢ
Indian Food Centre, Jl. Kediri 96. Kaum irgendwo in Indonesien ißt man so gut indisch wie hier. Ⓢ
Bali Plaza Restaurant, Jl. Kumango 1A 4. Es lockt eine hervorragende chinesische Küche. Ⓢ

100 km westlich von Medan liegt ***Bohorok,** der östlichste Zipfel des Gunung-Leuser-Nationalparks, wo ein Orang-Utan-Rehabilitationszentrum

eingerichtet wurde, in dem Tiere aus der Gefangenschaft wieder an das Leben in freier Wildbahn gewöhnt werden. Morgens und nachmittags während der Fütterung können die Menschenaffen beobachtet werden. Genehmigungen für den Besuch des Nationalparks erhält man an der PPA-Außenstelle in Bohorok (direkt am Parkplatz).

🏠 **Wisma Bukit Lawang Cottage.** Sehr bescheidener Komfort, aber idyllisch am Fluß gelegen. Ⓢ

Am Toba-See

Von Medan aus verkehren direkte Busse vom Terminal in der Jl. Wahid Hasyim nach Bohorok. Über verschiedene Reiseagenturen sind Ausflüge buchbar.

Das Land der Batak

Intensiv bebautes Plantagenland prägt den ersten Teil der Strecke über Pematangsiantar zum Toba-See. Mit ein bißchen Glück kann man frühmorgens den Zapfern beim „Melken" der Kautschukbäume zuschauen. Auch die ausgedehnten Ölbaumplantagen, Kaffee- und Kakaopflanzungen sind einen Stopp wert. Obststände entlang der Straße verkaufen köstliche Rambutan und Jackfrucht. In *Pematangsiantar* können Sie sich in einem der kleinen Restaurants stärken, bevor es auf die letzte Etappe zum Toba-See geht.

Die Mesjid Raya in Medan

** Der Toba-See

Nein, tropisch wirkt diese Landschaft nicht, fast glaubt man sich in eine alpenländische Seenlandschaft versetzt, tauchten da nicht von Zeit zu Zeit bunt verzierte Dachfirste auf, die unzweifelhaft klarmachen, daß wir im Land der Batak sind. In 900 m Höhe ist die Luft frisch und kühl – ein idealer Einstieg in das Abenteuer Indonesien

Der Toba-See vereint einige Superlative auf sich. Er ist mit ca. 1700 km² der größte See Südostasiens, zudem mit

450 m Tiefe einer der tiefsten und mit rund 900 m auch einer der höchstgelegenen der Welt. Die Caldera, die vom See ausfüllt wird, entstand vor Urzeiten durch einen gigantischen Vulkanausbruch und bietet dem Besucher eine prächtige Kulisse. Neben der landschaftlichen Schönheit hat die Region auch kulturell einiges zu bieten. Die Insel Samosir, die mit ihren beeindruckenden 530 km² aus dem See herausragt, gilt als Wiege der Batak-Kultur und wird noch heute von 150 000 Toba-Batak bewohnt.

Parapat

„Selamat datang di Kota Turis Parapat" – „Herzlich Willkommen in der Touristenstadt Parapat", grüßt ein Schild am Ortseingang. Parapat ist ein klassischer indonesischer Badeort, dessen angenehmes Klima und breites Angebot an Sport- und Unterkunftsmöglichkeiten vor allem einheimische Gäste anzieht.

In der Nähe des Marktes liegt die Anlegestelle für die Boote nach Samosir, die bis zum späten Nachmittag in regelmäßigen Abständen Tomok und Ambarita anlaufen. Die Boote können auch gechartert werden.

⌂ **Natour Hotel Prapat,** Jl. Marihat, ☎ 06 25/4 10 18, 📠 4 10 19. Direkt am See gelegen, mit schönem Blick; am Abend stimmungsvolle Batak-Musik. Ⓢ
Danau Toba International, Jl. Pulau Samosir 17, ☎ 06 25/41 58 31. Sympathisches Mittelklassehotel. Ⓢ

Insel Samosir

Frühmorgens legt das Boot ab, ruhig gleitet es über den See, während vor uns Samosir auftaucht, 40 km lang und 20 km breit, im Westen durch einen Damm mit dem Festland verbunden. Etwa 1,5 Stunden dauert die Fahrt bis zur Nordspitze der Insel nach **Simanindo.** Zum Ort gehört das alte Königsdorf **Huta Bolon,** umgeben von dickem Mauerwerk. Heutzutage soll es keine feindlichen Stämme mehr abschrecken,

sondern die Ströme der Touristen kanalisieren, die allmorgendlich das Museumsdorf stürmen, um der Vorführung traditioneller Batak-Tänze um 10.30 Uhr beizuwohnen. Auf dem Dorfplatz zwischen dem Ensemble prächtiger Adat-Häuser und den gegenüberliegenden Reisspeichern zeigen die Tänzer Reihen- und Rundtänze, die durch ihre Schlichtheit beeindrucken.

Nach der Vorstellung verlaufen sich die Reisegruppen schnell, und man kann in aller Ruhe das kleine Museum besuchen, das in einem traditionellen Haus außerhalb der Mauern eingerichtet wurde und Zauberstäbe, Zauberbücher, Ulos (Zeremonialtücher) und andere Kultgegenstände ausstellt.

Ambarita liegt bereits wieder auf dem Rückweg Richtung Parapat. Vom

Die Batak

Die Kirche, wie ein Symbol der Verbindung zwischen Tradition und Moderne nicht zufällig mit dem Giebel eines Batak-Hauses geschmückt, ist bis auf den letzten Platz gefüllt. Aus voller Kehle schmettern jung und alt die Choräle mit der den Batak eigenen Musikalität. Große Gruppen der Toba-Batak, die im Umkreis des gleichnamigen Sees leben, aber auch der weiter nördlich ansässigen Karo- und Simalungun-Batak sind christianisiert – Erfolg protestantischer Missionierung seit den Zeiten der Barmener Mission, die ab 1860 die als Kannibalen gefürchteten Batak auf den Pfad Gottes brachten.

Die traditionellen religiösen Vorstellungen, in denen Ahnenverehrung eine große Rolle spielt, sind jedoch nach wie vor lebendig. Wichtige Begriffe sind *tondi* und *begu,* die sich vage mit Lebens- und Totenseele übersetzen lassen. Jedes Lebewesen erhält als Geschenk des Schöpfergottes Tondi – wenn auch in unterschiedlichem Maße. Es zu erhalten und zu vermehren be-

Bootsanleger schiebt man sich durch Souvenirbuden zum Ortsteil Sialagan mit einem kleinen Ensemble traditioneller Batak-Häuser sowie interessanten, wenn auch kaum 50 Jahre alten Beispielen für megalithische Steinsetzungen. Steinerne Bänke, eine davon monolithisch mit einer Statue verbunden, bilden ein Ensemble, das möglicherweise für Versammlungen der Dorfältesten genutzt wurde.

Ein zweiter Megalithplatz nebenan gilt als „Speisezimmer der Kannibalen", wo in alten Zeiten Ritualopfer stattgefunden haben sollen.

Tuk Tuk ist der Anlaufpunkt für Individualtouristen, und viele kleine Losmen säumen die Straße. Ein 4 km langer Spazierweg (man kann natürlich auch wieder das Boot besteigen) führt von

Ein Grab der Toba-Batak

mühen sich die Batak nach Kräften. Bei Krankheit oder im Schlaf verläßt die Lebenskraft zwischenzeitlich den Körper. Gelingt es nicht, sie zurückzuholen, tritt der Tod ein, und Tondi wird zu Begu. Die Totenseele lebt in der Nähe der Hinterbliebenen weiter und verlangt Opfer und Zuwendung. Gewaltige Grabmäler *(tugu)* erinnern daran, daß der Ahnenkult weiterlebt; wer es sich leisten kann, feiert noch heute, Jahre nach dem christlichen Begräbnis der Vorfahren, das Fest der Zweitbestattung nach alter Batak-Sitte. Bei Problemen holt man Rat bei der älteren Generation, beim Gemeindepfarrer oder Dorfarzt, aber – doppelt hält besser – vorsichtshalber auch noch beim *datu,* dem Zauberpriester.

Von zentraler Bedeutung für die Sozialstruktur der Batak ist auch heute noch die Einbettung der Familie in der *marga,* dem Verband der Sippe, die genealogisch auf denselben mythischen Ahnherrn zurückgeht; nur außerhalb der eigenen Marga darf geheiratet werden.

Symbol der alten Religion ist das Batak-Haus. Einem Himmelsgewölbe gleich ragen die mächtigen geschwungenen Giebel mit ihren kunstvollen Schnitzereien empor. Die Dreiteilung ist Abbild des Kosmos: Der Bereich unter den Pfahlhäusern dient als Stall und stellt die Unterwelt dar. Der Wohnraum der Menschen entspricht der mittleren Welt, und der Dachstuhl öffnet sich zur Oberwelt, dem Aufenthaltsort der Ahnen und Götter. Das Geld zur Erhaltung der Häuser ist knapp, die kunstvoll mit den Fasern der Zuckerpalme gedeckten Dächer weichen Wellblechkonstruktionen, und der Trend zum geräumigen Kleinfamilienhaus ist inzwischen unübersehbar.

Die Batak gelten allgemein als fortschrittliche ethnische Gruppe, die viele Politiker, Militärs und Intellektuelle hervorgebracht hat; sie sind lernbegierig, flexibel und nicht so konfliktscheu wie die Javaner, von denen sie dennoch gern als „kasar", als grob abqualifiziert werden.

hier nach **Tomok,** dessen Hauptattraktion ein Friedhof mit prächtigen megalithischen Gräbern der Sidabutar-Könige, wahrscheinlich aus dem 18. Jh., ist. Die wenigen todesmutigen Missionare, die sich gegen Ende des 19. Jhs. ins Land der kannibalischen Batak wagten, erzählten Schauergeschichten von den Strafgerichten der Könige; heute sind die Königsgräber Touristenattraktionen. Der Zauberstab, der neben anderem Batak-Kunsthandwerk bei den Grabstätten verkauft wird, ist zerlegbar fürs Handgepäck – nicht umsonst gelten die Batak als eine der gewitztesten und geschäftstüchtigsten Ethnien Indonesiens. Die Zeiten haben sich geändert, einzig der See liegt unverändert da, zauberhaft wie eh und je, und flüstert uns, während wir uns langsam auf den Rückweg nach Parapat machen, seine Geschichte zu, die Zehntausende von Jahren zurückreicht.

🏠 **Carolina,** Tuk Tuk, ☎ 06 64/4 19 20. Nettes kleines Hotel im Batak-Stil mit schönem Blick auf den See, eigene Badestelle. Ⓢ

Hochland der Karo-Batak

Für den Rückweg nach Medan empfiehlt sich die Route durch das Hochland der Karo-Batak über Brastagi. Holprige Straßen und endlose Kurven bestimmen den ersten Teil der Stecke. Einen Besuch wert ist das imposante Königshaus der Simalungun-Batak in **Pematang Purba,** heute ein Museum, durch das der Sohn des letzten Königs, 1945 entmachtet, führt.

Bei Tongging erreicht man den **Sipiso-piso-Wasserfall,** der höchst eindrucksvoll in die Tiefe stürzt. Zur anderen Seite wirft man einen letzten wehmütigen Blick auf den Toba-See. An der Warung nebenan kann man sich köstliche frische Ananas und Maiskolben schmecken lassen.

Noch einmal sind 25 km bis **Brastagi** zurückzulegen. Der Ort liegt im Zentrum des Karo-Batak-Hochlandes, auf halbem Weg zwischen Toba-See und

Medan, flankiert von den beiden Vulkanen Sinabung (2451 m) und Sibayak (2172 m). Sein angenehmes Klima verdankt Brastagi der Höhenlage (1320 m ü. M.), das schon früh holländische Pflanzer anzog. Aus dieser Zeit stammt noch das alte Kolonialhotel *Bukit Kubu,* das über einen Golfplatz verfügt. Lohnenswert ist ein Bummel über den *Markt,* auf dem eine bunte Palette tropischer Früchte und Pflanzen angeboten wird. Besondere Spezialität der Region sind Passionsfrüchte (Marquisas).

Am Stadtrand von Brastagi in Richtung Medan liegt **Peceren,** ein Dorf mit traditionellen Karo-Batak-Häusern.

7 km südwestlich der Stadt liegt mit **Lingga** ein weiteres sehenswertes Dorf mit vielen traditionellen Häusern, das sich in den letzten Jahren stark auf den Tourismus einstellte (Tanzvorführungen gegen Bezahlung).

🏠 **Sinabung,** Brastagi, Jl. Merdeka, ☎ 06 28/9 13 01, 🖷 9 13 07. Guter Standard und schöne Lage. Ⓢ
Bukit Kubu, Jl. Sempurna 2, Brastagi, ☎ 06 28/9 15 24. Hübsches Kolonialhotel. Ⓢ–Ⓢ
Brastagi Cottage, Jl. Gundaling, Brastagi, ☎ 06 28/2 09 08. Einfach und solide. Ⓢ

🏠 **Asia,** Jl. Veteran 10, Brastagi. Chinesisch-indonesische Küche im Ortszentrum. Ⓢ

Westsumatra

** Bukittinggi

Wörtlich übersetzt heißt Bukittinggi „Hoher Hügel". Und dieser Lage in mehr als 900 m über dem Meeresspiegel verdankt der Ort sein angenehmes mildes Klima. Das kulturelle Zentrum Westsumatras ist der ideale Ausgangspunkt zur Erkundung des Minangkabau-Hochlandes.

Wahrzeichen der Stadt ist der von einem büffelhornförmigen Dach gekrönte Uhrturm **Jam Gadang** im Zentrum, unweit der Touristenstraße Jl. A. Yani mit ihren Hotels, Restaurants und Souvenirshops. Versäumen Sie nicht, über den **Markt** zu bummeln: Auf Pasar alas und Pasar bawah (oberer und unterer Markt) beeindrucken nicht nur die Waren, sondern auch die selbstbewußten Minangkabau-Frauen. Von hier aus führt der Weg nach Norden. Auf einem der Hügel

Ngarai-Sianok-Canyon

der Stadt liegt der Stadtpark, in den Stadtmuseum **Rumah Adat Baanjuang** und *Zoo* eingebettet sind. Letzterer ist ein Beispiel für mißlungene Tierhaltung, das Museum dagegen bietet mit seiner kleinen, aber feinen Sammlung einen hervorragenden Einstieg in die Kultur der Minangkabau. In dem prachtvollen und reich verzierten Sippenhaus aus der Mitte des 19. Jhs. sind u. a. Hochzeitsgewänder, Musikinstrumente und Modelle traditioneller Häuser zu sehen. (⏱ tgl. 7–17 Uhr, Fr Gebetspause 11–13 Uhr). Auf dem gegenüberliegenden Hügel thronte einst das holländische **Fort de Kock,** von dem nur Mauerreste und ein paar rostige Kanonen blieben. Man hat allerdings einen schönen Ausblick auf das Umland, besonders bei Sonnenuntergang.

Im Königspalast in Pagarruyung

Der Jl. Panorama folgt man zum Panorama-Park, dessen Aussichtspunkte schöne Blicke auf den zerfurchten **Ngarai-Sianok-Canyon** erlauben. Unter dem Park legten die Japaner im Zweiten Weltkrieg ein Tunnelsystem an, das teilweise begehbar ist. Stolz ist man in Bukittinggi auf das nebenan gelegene **Armeemuseum** mit Dokumenten vor allem aus der Zeit des Aufstands von 1958, als in Bukittinggi für kurze Zeit eine Revolutionsregierung ihren Sitz hatte, die die Außeninseln von der Übermacht und der linksgerichteten Politik Javas befreien wollte.

Die Hochebene um Bukittinggi – umgeben von den drei Vulkanen Singgalang (2878 m), Merapi (2891 m) und Sago (2262 m) gehört mit ihren Schluch-

WESTSUMATRA
N 0   15 km
Payakumbuh
Kota Gadang
Bukittinggi
Kota Baru
2891 ▲ Merapi
Maninjau-See
2877 Singgalang
Pandai Sikat
Pagarruyung
Padangpanjang
Batusangkar
Singkarak-See
Padang   Padang

ten und Seen zu den schönsten Landschaften Indonesiens. Die sehenswertesten Orte sind in Tagesfahrten von Bukittinggi aus zu erreichen, obwohl es auch am Maninjau-See, in Batusangkar und in Pagarruyung Hotels gibt.

Praktische Hinweise

🚌 Busse in alle Hauptrichtungen ab Terminal Kuning, 3 km südöstlich der Stadt.

Schnelle Alternative zum Bus sind Ferntaxis. Innerhalb Bukittinggis verkehren Bemos, das charmanteste Verkehrsmittel sind jedoch Pferdetaxis.

🏨 **Pusako,** Jl. Sukarno Hatta 7, ☎ 07 52/2 11 11, 📠 2 10 17. Das beste Hotel der Stadt liegt etwas außerhalb. Ⓢ

Denai Hotel & Cottage, Jl. Dr. Rivai 26, ☎ 07 52/3 29 62, 📠 3 34 90. Gediegener Komfort, zentrale Lage und schöne Aussicht. Ⓢ

Minang International, Jl. Panorama 20 A, ☎ 07 52/2 12 20. Herrliche Aussicht auf den Canyon. Ⓢ

Mountain View, Jl. Yos Sudarso 3, ☎ 07 52/2 16 21. Nett, günstig und mit schöner Aussicht. Ⓢ

Mehrere sehr günstige Losmen liegen in der Jl. A. Yani. Ⓢ

🍴 **Simpang Raya,** oberhalb des Pasar atas. Padang-Küche für Fortgeschrittene – höllisch scharf und höllisch gut. Ⓢ

Ausflüge

Vom Panorama-Park führt ein Pfad hinunter in den etwa 4 km langen **Ngarai-Sianok-Canyon.** Nach Durchquerung der Schlucht und einem anstrengenden Aufstieg erreicht man das Handwerkerdorf **Kota Gadang,** berühmt für seine exquisiten Silberarbeiten und seine Stoffkunst.

Die Seenlandschaft um Bukittinggi ist das Resultat vulkanischer Kräfte. Etwa 38 km fährt man in nordwestlicher Richtung bis zum herrlich gelegenen Kratersee *Danau Maninjau.* Die Fahrt in die Caldera ist ein Erlebnis für sich und nur Schwindelfreien zu empfehlen, aber sie lohnt sich. Das tiefblaue Seewasser lädt zum Schwimmen und Bootfahren ein, und nach der sportlichen Betätigung sollte man den frischen Fisch im Restaurant des *Hotel Maninjau* (Ⓢ–Ⓢ) probieren.

Südlich von Bukittinggi liegt **Kota Baru,** dessen Attraktion Büffelkämpfe sind, die meist am Dienstag gegen 17 Uhr stattfinden. Es geht dabei nicht um Leben oder Tod, vielmehr stürmen zwei Wasserbüffel aufeinander los und kämpfen, bis einer die Flucht ergreift. Mindestens ebenso interessant wie der Kampf an sich ist das Wettgeschehen drum herum.

Die Minangkabau

Die Giebel der Häuser recken sich wie Büffelhörner gen Himmel, harmonisch eingebettet in das Grün der Hügel um Bukittinggi. „La ilaha illa'llah – la ilaha illa'llah – Es gibt keinen Gott außer Allah", schallt es zur Gebetszeit von zahlreichen Minaretten. Allah ist ohne Frage der wichtigste Mann Westsumatras, doch vom Patriarchat ist hier nichts zu spüren, im Gegenteil: Westsumatra ist Frauenland. Durch ihre mutterrechtliche Organisation nehmen die Minangkabau eine Sonderstellung unter den Völkern Indonesiens ein.

Die Macht der Frauen besteht im Besitz des Bodens, der ausschließlich in mütterlicher Linie vererbt wird. Dies gibt den Frauen natürlich eine starke Position innerhalb der Ehe, der Mann ist traditionell Besuchsgatte, der von seiner Frau jederzeit verstoßen werden kann. In dem Maße, in dem die bäuerliche Subsistenzwirtschaft einer Geldwirtschaft weicht, gewinnt der Mann, der außerhalb des Hauses das Geld verdient, an Macht. Traditionell hat ein Mann bei der Erziehung seiner eigenen

Unweit von Kota Baru liegt das Handwerkerdorf **Pandai Sikat**, wo man sich auf die Herstellung von Holzschnitzereien und Seidenwebarbeiten spezialisiert hat.

Batusangkar, 45 km südöstlich von Bukittinggi, war einst Hauptstadt und Königssitz des historischen Minangkabau-Reiches. Hier stehen einfache Losmen als Unterkunftsmöglichkeiten zur Verfügung; Fisch auf Padang-Art serviert das *Pondok Flora* (Jl. Raya; $). Die Nachbildung des Königspalastes aus den 70er Jahren des 20. Jhs. – das imposanteste Minangkabau-Haus weit und breit – steht 5 km entfernt in ***Pagarruyung**. An der Straße zwischen beiden Orten findet man Steine mit Sanskrit-Inschriften aus dem 14. Jh.

Danau Maninjau

Kinder nicht viel zu sagen, statt dessen übernimmt er den Vaterpart bei den Sprößlingen seiner Schwester.

Seit eh und je gilt das Volk als besonders listig, und von List handelt auch die Legende, die die Herkunft seines Namens erklärt. Demnach bedeutet *minang* Sieg oder siegreich und *kabau* (heute kerbau) Büffel: Ein Krieg zwischen angreifenden Javanern und den Menschen Westsumatras sollte durch einen Kampf zwischen zwei Büffeln entschieden werden. Java wählte einen riesigen Büffel, während sich Sumatra für ein halbverhungertes, noch nicht entwöhntes Kälbchen entschied. Das Kälbchen hielt den Bullen für seine Mutter und eilte zu ihm, um zu saugen. Man hatte ihm aber eine Eisenspitze an der Nase befestigt, und so schlitzte es dabei den Bauch des Büffels auf.

Wissenschaftler leiten Minangkabau von Pinang Kabhu ab, was soviel bedeutet wie „Ursprungsland".

Die Minangkabau gelten als ungewöhnlich geschäftstüchtig und haben sich früh die Bildung der Kolonialherren zunutze gemacht. Während der Kolonialzeit besaß Bukittinggi nämlich das einzige Ausbildungszentrum für Lehrer in Sumatra, und seither kamen viele große Geister aus dem Minangkabau-Land – Wegbereiter der indonesischen Literatur wie Muhammad Yamin oder Marah Rusli ebenso wie zahlreiche Politiker, etwa Mohammad Hatta und Sutan Sjahrir, zwei führende Köpfe der Unabhängigkeitsbewegung.

Die berühmten Minangkabau-Häuser mit den charakteristischen Büffelhorngiebeln gehören sicher zu den eindrucksvollsten Adat-Häusern Indonesiens. Die Pfahlhäuser werden zunächst als Stammhaus erbaut; jedesmal, wenn ein weibliches Mitglied der Familie heiratet, wird ein Flügel angebaut. An der Zahl der Giebel läßt sich also die Zahl der Familien, die das Haus bewohnten, ablesen. Doch auch im Minangkabau-Land ersetzt heute oft die Kleinfamilie die Sippe, und Einfamilienhäuser verdrängen mehr und mehr die „rumah gadang", die „großen Häuser".

Sulawesi

Ein Krake im Ozean

Die viertgrößte Insel des Landes, zwischen Kalimantan, den Molukken, Nusa Tenggara und den Philippinen gelegen, war Sulawesi schon früh ein wichtiger Handelsknotenpunkt. Die Küsten Südsulawesis sind die Heimat der Bugis und Makassaren, in vergangenen Zeiten berühmt und berüchtigt als Händler und Piraten und immer noch die beiden bekanntesten indonesischen Seefahrervölker, die wie eh und je mit ihren hölzernen Prahus die Gewässer des Archipels kreuzen. Beide Volksgruppen sind eifrige Verfechter der Lehre Mohammeds, die erst im 17. Jh. aus Java hierher vordrang. Die einheimischen Piraten machten den Portugiesen, die im 16. Jh. auftauchten, zu schaffen, und sie gaben der Insel den Namen Ponto dos Celebres ("Ort der Berüchtigten"), woraus sich der Kolonialname der Insel ableitete – Celebes. Die Holländer folgten den Südeuropäern und gliederten die Küsten Südsulawesis sowie den Norden in ihre Einflußsphäre ein. Das unwegsame Landesinnere, nicht zuletzt die Heimat der Toraja, sollte bis ins 20. Jh. Terra incognita bleiben. Nach der Unabhängigkeit ersetzte man den Kolonialnamen durch Sulawesi ("Insel der Eisenschmiede"), ein Hinweis auf die reichen Bodenschätze.

Ähnlich wie Nusa Tenggara gehört Sulawesi zur Übergangszone zwischen Asien und Australien. Hohe Berge, Savannen, Regenwälder und Kulturland wechseln einander ab und bilden den Lebensraum für eine Fülle seltener Pflanzen und Tiere, darunter endemische Tierarten wie der schwarze Makake, der Hirscheber (Babirusa) oder der Zwergbüffel (Anoa).

Ujung Pandang

Goldgeschäft reiht sich an Goldgeschäft in der Haupteinkaufsstraße Jl. Somba Opu, ein untrügliches Zeichen: Ujung Pandang ist eine wohlhabende Handelsstadt, wie in der Vergangenheit, als sie noch Makassar hieß und Zentrale der Gewürzkrämer war, die sich mit Muskat und Nelken eine goldene Nase verdienten. Es wird erbittert gefeilscht und laut gelacht – Bugis und Makassaren sind ein rauher Menschenschlag, seit Jahrhunderten kampferprobt. Das „Kap der Pandanusblüte" ist eine quirlige Millionenstadt, politisches und wirtschaftliches Zentrum der Insel, für Touristen jedoch meist nur Station auf dem Weg ins Torajaland.

An alte Zeiten erinnert das **Fort Rotterdam** (auch Fort Ujung Pandang genannt), das im 17. Jh. von den Holländern auf den Grundmauern einer Befestigungsanlage der Makassaren erbaut wurde. Nach umfangreichen Renovierungsarbeiten beherbergt es heute u. a. das **Provinzmuseum** La Galigo mit Exponaten zur Geschichte und Kultur Südsulawesis (☼ Di–Do 8–13.30, Fr 8 bis 10.30, Sa, So 8–12 Uhr).

Lohnend ist ein Abstecher zum etwa 4 km nördlich des Forts gelegenen **Hafen** *(Pelabuan Paotere)*, wo zahlreiche traditionell ganz aus Holz gebaute Buginesen-Schoner vor Anker liegen – ein malerisches Bild.

Den Sonnenuntergang sollte man auf der Uferpromenade **Pantai Losari** erleben, die sich mit Leben und verführerischen Düften füllt, sobald die unzähligen kleinen Warung aufgebaut sind, die zu Ikan bakar oder Soto makassar – Backfisch bzw. würzigem Eintopf, den Spezialitäten der Region – einladen.

❶ South Sulawesi Regional Tourist Office, Jl. Pangeran Andi Petta Rani (4 km nördlich des Zentrums).

✈ Verbindungen zu den wichtigsten Städten des Archipels. Rechtzeitige Buchung ist ratsam. Merpati fliegt täglich mit kleinen Maschinen (20 Sitze) nach Makale.

🚢 PELNI legt auf der Route Surabaya – Balikpapan in Ujung Pandang an. PELNI, Jl. Saweringading 96, ☎ 04 11/2 10 17.

🚌 Mehrmals täglich nach Rantepao (10–12 Std.). Empfehlenswert aber sind Pauschalarrangements mit Minibus und Guide, die die Reiseagenturen vor Ort anbieten.

Entlang der Uferpromenade von Ujung Pandang werden abends Essensstände aufgebaut

🏠 **Makassar Golden,** Jl. Pasar Ikan 52, ☎ 04 11/31 44 08, 🖷 32 09 51. Bestes Hotel am Platz. Etwas muffig, aber die Terrasse ist ein herrlicher Platz, den Sonnenuntergang zu beobachten. Ⓢ **Marannu City Hotel,** Jl. Sultan Hasanuddin 3–5, ☎ 04 11/31 50 87, 🖷 32 18 21. Die Nummer zwei in Ujung Pandang liegt mitten im Gewühl der Innenstadt. Ⓢ **Pondok Sunda Indah,** Jl. Sultan Hasanuddin 14, ☎ 04 11/31 71 19. Altes Kolonialhotel, das sich noch etwas vom alten Flair erhalten hat. Bescheidener Komfort. Ⓢ **Ramayana,** Jl. Gunung Bawakaraeng 121, ☎ 04 11/32 21 65. Einfach und sauber. Ⓢ

Die Toraja sind berühmte Baumeister

🏠 **Losari Beach,** Jl. Penghibur 3 b. Direkt am Meer kann man in indonesischen und chinesischen Gerichten schwelgen. Ⓢ

Nach Sonnenuntergang läßt man sich auf der Uferpromenade **Pantai Losari** von den Düften der zahlreichen kleinen Warung leiten. Ein preiswertes Vergnügen.

***Tanah Toraja

Viel hat man in den letzten Jahren investiert, um zumindest den südlichen Teil des Trans-Sulawesi-Highway den steigenden Touristenzahlen anzupassen, dennoch fühlt man sich von Pioniermentalität ergriffen, dreht man der Hauptstadt den Rücken. Holprig sind

Ein Dorf rüstet sich zu einer Totenfeier

die Straßen, scharf sind die Kurven – das Märchenland der Toraja muß man sich verdienen … Nach etwa acht Stunden passieren Sie todmüde und durchgeschüttelt das Tor zum Torajaland, dessen Wunder sich erst am nächsten Tag offenbaren werden – und Sie für die Strapazen reichlich entschädigen!

Rantepao

Der Marktflecken im Zentrum des Torajalandes ist ein guter Ausgangspunkt für den Besuch der umliegenden Dörfer. Einzige Attraktion des Ortes selbst ist der alle sechs Tage stattfindende **Büffel- und Schweinemarkt.**

Die Toraja

Noch nicht nicht einmal hundert Jahre weiß man von der Existenz dieser Hochlandbewohner mit ihrem einzigartigen Totenkult. Ähnlich wie die Batak in Sumatra werden sie zu den Altvölkern gezählt und lebten Jahrhundertelang abgeschlossen in den gebirgigen Hochebenen entlang des Sadang-Flusses. Ihr Name stammt von den buginesischen Nachbarn und bedeutet soviel wie „Menschen im Inneren".

Heute bekennt sich etwa jeder zweite Toraja zum Christentum, aber auch die überlieferte Religion *Aluk Todolo* wurde hoffähig, als sie vom indonesischen Religionsministerium 1970 in den Status einer offiziellen Religion (als Variante des Hinduismus) erhoben wurde. Ahnenkult und Animismus prägen den Glauben, in der Götter und Priestertum nur eine geringe Rolle spielen. Gleichzeitig mit dem Menschen, erzählt die Schöpfungslegende, wurden der Reis und der Wasserbüffel geschaffen – die beiden Komponenten, die bis heute den Reichtum eines Toraja ausmachen. Wer reich ist, und das ist die kleine Schicht der Adeligen, der Großgrundbesitzer, dem folgen viele Büffel ins Grab, und der wird auch im Totenreich *(puya)* zu den Privilegierten gehören.

Imponierend sind auch die Stammhäuser der Aristokratie *(tongkonan)* mit ihren schiffsförmigen Bambusdächern und kunstvollen Schnitzereien, Pfahlbauten wie die Häuser vieler anderer indonesischer Ethnien, und in ihrer Dreiteilung gleichzeitig Abbild des Kosmos.

Was die Toraja jedoch bekannt machte, sind ihre aufwendigen Totenfeste. Das Totenreich ist ein Spiegelbild der diesseitigen Welt, deshalb muß auch das Bestattungfest entsprechend dem sozialen Rang des Verstorbenen begangen werden. Anläßlich der Bestattung eines Aristokraten viele Büffel zu opfern und viele Gäste einzuladen. Die Geladenen werden in eigens dafür errichteten Gästehäusern untergebracht und tagelang verköstigt. Ein teurer Spaß für die Familie, aber man verschuldet sich gern, um dem Adat Genüge zu leisten und dem Toten eine adäquate Positon im Jenseits zu sichern. Ein Volksfest für jung und alt ist es auf jeden Fall, bei dem der Palmwein *(tuak)* reichlich fließt. Höhepunkt des Festes ist die Grablegung am letzten Tag. Welche der drei bekannten Begräbnisformen gewählt wird, entscheiden Vermögen und Familientradition.

Relativ neu sind Grabhäuser aus Stein *(patane)*, lange Tradition dagegen hat die Bestattung in hölzernen Särgen *(erong)*, und am aufwendigsten schließlich sind die gemeißelten Felsnischen *(liang)*. Auf Balkonen davor stehen hölzerne Figuren, geschnitzt nach dem Vorbild des Toten und dazu bestimmt, seine Seele aufzunehmen. Wie Theaterbesucher auf den Rängen stehen die Tau Tau da und betrachten wohlgefällig das verschwenderische Grün der Reisfelder von Tanah Toraja.

ℹ Tourist Office, Jl. Taman Bahagia. Die ergiebigere Informationsquelle ist oft das Restaurant Rachmat im Zentrum. Hier erfährt man, wann und wo Zeremonien stattfinden und kann unter Umständen einen Fremdenführer finden.

Verkehrsmittel: Bei Ausflügen zu den umliegenden Dörfern kann man z. T. auf Bemos zurückgreifen. Die Strecke Rantepao – Makale wird regelmäßig befahren, die Nebenstrecken nur unregelmäßig. Besser ist es, ein Bemo tages- oder halbtagesweise zu chartern.

Tau Tau in Lemo

🏨 **Marante Highland Resort,** Jl. Raya Palopo, ☎ 04 23/2 16 16, 🖷 2 11 22. Das derzeit beste Hotel, geschmackvoll eingerichtet. 3 km vom Zentrum entfernt. Ⓢ☽

Toraja Cottage, Jl. Raya Palopo, ☎ 04 23/2 10 89, 🖷 2 13 69. Einige der Bungalows haben bessere Zeiten gesehen, aber die freundliche Atmosphäre und das singende Personal machen vieles wett. Ⓢ

Misiliana II, Jl. Raya Makale, ☎ 04 23/2 12 12. Nettes Hotel mit gutem Komfort. Ⓢ

Hotel Indra II, Jl. Ratulangi 26, ☎ 04 23/2 15 83. Einfach, aber sauber und freundlich. Ⓢ

Wisma Maria, Jl. Ratulangi 63. Sehr einfach, aber wunderschön ruhig mit hübschem Garten. Ⓢ

Tau Tau in Kete Kesu

🏨 **Rachmat,** Jl. A. Yani 100. Chinesische und indonesische Küche, mittags auf Bestellung Tuak. Info-Börse, siehe oben. Ⓢ

Indra, Jl. Landorundun (im gleichnamigen Hotel). Gute Küche mit einigen Toraja-Spazialitäten, z. B. Papiong (Huhn im Bambusrohr gebacken). Ⓢ

Verhaltensregeln

Für viele Besucher ist die Teilnahme an einer Bestattungszeremonie der Höhepunkt ihrer Reise ins Toraja-Land. Grundsätzlich sind Besucher willkommen, wenn sie gewisse Anstandsregeln beherzigen: Angemessene Kleidung (Knie und Schultern bedeckend) sollte

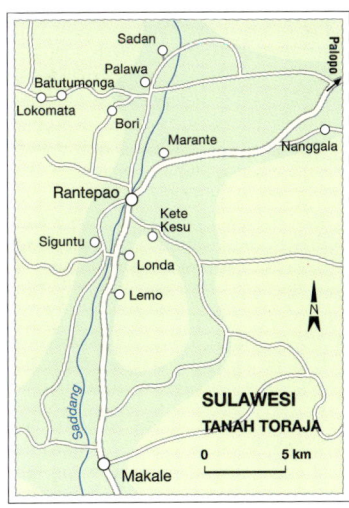

SULAWESI
TANAH TORAJA
0   5 km

ebenso selbstverständlich sein wie Fingerspitzengefühl beim Fotografieren. Den Angehörigen gebührt ein kleines Gastgeschenk – Zigaretten, Süßigkeiten, Kaffee etc. Wer nicht Indonesisch spricht, sollte einen einheimischen Führer mitnehmen, der den Besucher vorstellen kann.

Ausflüge

Vorgeschlagen werden vier Ausflüge, die jeweils einen halben Tag füllen. Die Zufahrtswege zu einigen Dörfern sind schlecht, so daß man dort besser zu Fuß geht. Überhaupt: Tanah Toraja ist ein Paradies für Wanderer!

Nach Süden

Von Rantepao aus fährt man knapp 10 km bis zum Abzweig nach **Lemo.** Wie Relikte aus einer längst vergangenen Zeit wirken die *Tongkonan*-Häuser mit ihrem Schmuck aus Büffelhörnern – Erinnerung an große Totenzeremonien, die der Familie viel Ehre eingebracht und sie gleichzeitig viel ärmer gemacht haben. Von den Balkonen vor den Grabnischen einer riesigen Felswand am Rande grüner Reisfelder strecken merkwürdige Puppen dem Besucher ihre Arme entgegen: Die *Tau-Tau*-Figuren erinnern daran, daß die Toten hier wichtiger sind als die Lebenden. Einige der wertvollsten alten Figuren verschwanden im Laufe der Jahre, sind wohl heute in Museen oder Privatsammlungen irgendwo im Westen wiederzufinden. Die Lücken wurden inzwischen wieder geschlossen, schließlich will man den Touristen, die die lange Anreise in Kauf genommen haben, etwas bieten ... Davon, daß Tau-Tau-Schnitzer immer noch ein angesehener Beruf in Tanah Toraja ist, kann man sich in der kleinen Werkstatt schräg gegenüber der Felswand überzeugen.

Die Weiterfahrt nach *Makale,* die holländische Verwaltungshauptstadt von Tanah Toraja, lohnt nicht, das einzig Interessante ist ein Wochenmarkt.

In **Londa,** bereits auf dem Rückweg nach Rantepao, kann man eine weitere Bestattungsform der Toraja kennenlernen: In zwei Höhlen sieht man neben der Bestattung in Felsnischen *(liang)* mit Tau-Tau-Galerie auch Beispiele für die Bestattung in Holzsärgen *(erong).* Mit Lampen ausgerüstete Kinder führen die Besucher gern gegen ein Trinkgeld durch die Höhlen, ein Dienst, den man in Anspruch nehmen sollte, wenn man selbst keine gute Taschenlampe dabei hat.

Ein Abstecher lohnt nach **Kete Kesu,** einem hübschen Dorf mit schön restaurierten Tongkonan-Häusern, denen Reisspeicher gegenüberliegen. Ein asphaltierter Pfad führt zu einer Begräbnisstätte mit einem erst wenige Jahre alten *Patane-Grab.* Holzsärge auf Felsvorsprüngen oder Holzplattformen abgestellt, stürzten im Laufe der Jahre hinunter und hinterließen einen makaber anmutenden Berg aus Schädeln und Knochen.

Nach Osten

Ziel des Ausflugs ist das etwa 15 km östlich von Rantepao gelegene (z. T. miserable Straße!) Dorf **Nanggala,** berühmt als das Dorf der Reisspeicher, denn nicht weniger als 14 Prachtexemplare stehen einem riesigen Tongkonan gegenüber und zeugen vom Reichtum der Bewohner. Eine weitere Attraktion sind die fliegenden Hunde, die die Bäume der Umgebung bevölkern. Die herrliche Umgebung des Dorfes lädt zu Spaziergängen ein, bei denen man auf so manchen alten, verlassenen Tongkonan stößt.

Auf dem Rückweg sollte man an der prachtvollen Felswand von **Marante** halten: ein Ensemble von Holzsärgen, Knochen, Schädeln und Tau-Tau-Figuren.

Nach Norden

Knapp 15 km hat man auf holprigen Straßen bis ins Weberdorf Sadan zurückzulegen. Die Fahrt führt vorbei an sattgrünen Reisfeldern. Ein fetter Wasserbüffel suhlt sich im Schlamm und genießt das Leben, bevor er anläßlich einer Zeremonie geopfert wird. Mädchen mit reismehlbestäubten Gesichtern winken, Männer transportieren frischen Palmwein in Bambusrohren.

Ein erster Stopp lohnt in **Palawa.** Der Ort kann mit dem vielleicht schönsten Ensemble traditioneller Häuser in Tanah Toraja aufwarten. Eben noch hatte

Büffelmarkt in Rantepao

man die Illusion der Unberührtheit dieses Landstrichs – doch dann: „Mille Rupiah, dix Rupiah, zehn Rupiah". Die bittenden Augen des kleines Mädchens, das den Touristen ein Bambusgefäß mit Nelkenfüllung zum Kauf anbietet, holt in die Realität zurück – auch das Torajaland ist schon entdeckt.

Nach weiteren 3 km ist **Sadan** erreicht, wo Sie den Frauen bei ihrer Arbeit an einfachen Handwebstühlen beobachten

Begräbniszeremonie der Toraja

können. Die fertigen Produkte werden in Gästehäusern verkauft, die nach der letzten großen Begräbniszeremonie übrigblieben. Unter einem der Reisspeicher des Dorfes sitzend kann man für ein paar Minuten die Zeit vergessen und dem Rauschen des Flusses lauschen.

Auf dem Rückweg machen wir einen Umweg über **Bori.** Der kleine Ort verfügt über einen Zeremonialplatz *(rante)* mit steil aufragenden Menhiren.

Nach Nordwesten

Der Weg nach **Batutumonga,** etwa 25 km nordwestlich von Rantepao, lohnt sich unbedingt. Der Ort liegt an den Hängen des Gunung Sesean (2156 m) und bietet einen phantastischen Blick über das Land der Toraja. Wer gern wandert, findet hier sein Terrain. Zumindest Teile der Strecke nach **Lokomata** mit einem gewaltigen Bestattungsfelsen sollte man zu Fuß zurücklegen.

Im Torajaland

Fernab der Touristenströme

Nusa Tenggara

Die östlichen Inseln waren in holländischer Kolonialzeit unter dem Namen Kleine Sundainseln (zu denen man auch Bali zählte) bekannt. Heute umfaßt die Inselkette östlich von Bali Lombok (s. S. 71), Sumbawa, Komodo, Flores, Sumba, Timor und eine Reihe kleinerer Eilande.

Geographisch bilden sie eine Übergangszone, die sog. Wallacea, mit einer australisch-asiatischen Mischflora. Je weiter man nach Osten kommt, desto ausgeprägter sind die Trockenperioden, desto karger ist die Vegetation.

Auf *Komodo locken die berühmten Riesenechsen (s. S. 15). Dreitägige Exkursionen können auf Bali oder Lombok gebucht werden. Die furchterregenden Tiere sind die einzige Attraktion, die Unterkünfte einfach.

Auf **Flores** steht das Landschaftserlebnis im Vordergrund. Neben den vorgelagerten Korallenriffen ist *die* Attraktion der *Gunung Kelimutu* (1690 m) mit drei Kraterseen, die alle paar Jahre die Wasserfarbe ändern – eine wissenschaftliche Erklärung hat man noch nicht gefunden. Der Vulkan ist problemlos zu erreichen; der Standard der Unterkünfte steigt mit dem zunehmenden Toursimus.

Touristisch kaum erschlossen, aber einen Abstecher wert ist **Sumba**, wo ein noch ausgepräger Animismus mit einer noch lebendigen Megalithkultur einhergeht. Berühmte Exportprodukte der Insel sind die kleinen Sandelholzpferdchen und Ikat-Gewebe, die in Indonesien ihresgleichen suchen. Eine Infrastruktur ist noch kaum vorhanden, die Unterkunftsmöglichkeiten bescheiden.

Kalimantan

Die dünn besiedelte Provinz nimmt etwa zwei Drittel der Insel Borneo und ein gutes Viertel des indonesischen Staatsgebiets ein. Regenwald, der erbarmungslos gerodet wird, macht einen großen Teil des Reichtums der unwegsamen Insel aus, deren wichtigste Verkehrswege bis heute die großen Wasserstraßen sind. Die Langhauskultur der Dayak, der einst berüchtigten Kopfjäger, ist im Aussterben begriffen.

Das Landesinnere ist Transmigranten-Gebiet (s. S. 12). Die Küstenregionen mit den großen Städten Balikpapan, Samarinda, Pontianak oder Banjarmasin sind gut erschlossen, vor allem im Osten der Insel siedeln die Angestellten der großen Firmen, die sich zur Ausbeutung der Bodenschätze hier niedergelassen haben; neben Regenwäldern gibt es hier auch viel Erdöl und Erdgas.

Leicht zugänglich ist ***Banjarmasin,** die von Kanälen durchzogene Metropole des Südens, von wo aus das Orang-Utan-Reservat ***Tanjung Putin** erkundet werden kann. Das gesichtslose *Samarinda* ist Ausgangspunkt für eine Fahrt auf dem Unterlauf des **Mahakam.** Unterwegs vermittelt ein Besuch des *Museums* in *Tenggarong* einen ersten Eindruck von der Dayak-Kultur. Ein Abstecher führt zum touristisch erschlossenen Langhaus von *Tanjung Isuy.* Das eigentliche Erlebnis ist die Flußfahrt selbst, das Leben und Treiben entlang des Wasserwegs. Gruppen übernachten meist auf den Booten (sehr einfach) und im Langhaus.

Molukken

Die „Gewürzinseln" erstrecken sich zwischen Sulawesi und Neuguinea. Und wären da nicht Gewürznelken und Muskatnüsse gewachsen, nach denen die Europäer verrückt waren, vielleicht hätte die Geschichte Indonesiens einen ganz anderen Verlauf genommen … Anfang des 16. Jhs. gründeten die Portugiesen erste Handelsstützpunkte auf Ternate und Tidore. 100 Jahre später erkämpften sich die Holländer das Gewürzhandelsmonopol. Als die Gewürzpreise fielen, erlahmte auch das Interesse der Kolonialherren an den Inseln. In den 70er Jahren des 20. Jhs. machten die Molukken noch einmal mit ihrem Kampf für die unabhängige Republik Südmolukken von sich reden, und traurige Berühmtheit erlangte die Insel Buru als Verbannungsort für unbequeme Intellektuelle. Noch heute sind die Gewürzhaine neben den Kokospalmplantagen wichtige Erwerbsquelle der Insulaner, und erst langsam locken die herrlichen, schwer zugänglichen Tauchgründe vor vielen der kleinen Inseln auch Touristen an.

Ein Langhaus in Kalimantan

Schon die Europäer kamen wegen der heißbegehrten Gewürze – vor allem Nelken – nach Indonesien

Irian Jaya

Neuguinea ist nach Grönland die zweitgrößte Insel der Welt. Der Westteil bildet als Irian Jaya Indonesiens spärlichst besiedelte Provinz, mit ausgedehnten Sumpfgebieten, undurchdringlichen Regenwäldern und schneebedeckten Gipfeln, teilweise über 5000 m hoch. Vor allem die Tierwelt mit zahlreichen Beuteltieren ist Beweis, daß Neuguinea einst mit dem Australien verbunden war. An der Küste siedeln v. a. Melanesier, in den Hochtälern dagegen leben die Papua, die sich in viele Stämme gliedern. Viele Stammesgruppen leben noch heute als Jäger und Sammler von Sago, dem Mark der Sagopalme. Gehören auch Kopfjagd und Kannibalismus der Vergangenheit an, Animismus und Ahnenkult sind noch tief verwurzelt.

Touristen können von *Jayapura* über *Wamena* zu den Dörfern des erst 1938 entdeckten **Baliem-Tals** reisen. Die dort ansässigen Dani verfügen über eine vergleichsweise hoch entwickelte Kultur. Irian Jaya sollten Sie am besten auf einer Gruppenreise erkunden.

Ein Papua in Irian Jaya

Praktische Hinweise von A–Z

Diplomatische Vertretungen

In Deutschland: Botschaft der Republik Indonesien, Bernkasteler Str. 2, 53175 Bonn, ☎ 02 28/38 29 90, 🖷 31 13 93.

General- bzw. Honorarkonsulate gibt es in Berlin und Hamburg, Honorarkonsulate in Berlin, Bremen, Düsseldorf, Hamburg, Hannover, Kiel, München, Stuttgart und Wiesbaden.

In Österreich: Botschaft der Republik Indonesien, Gustav-Tschzhermak-Gasse 5–7, 1180 Wien, ☎ 02 22/34 25 33, 🖷 34 45 51.

In der Schweiz: Botschaft der Republik Indonesien, Elfenauweg 51, 3006 Bern, ☎ 0 31/44 09 83, 🖷 3 51 67 65.

In Indonesien: Deutsche Botschaft, Jl. Thamrin 1, Jakarta, ☎ 0 21/32 39 08, 🖷 3 90 17 57; Honorarkonsulat in Bali (Jl. Pantai Karang 17, Sanur, ☎ 03 61/28 85 35). Österreichische Botschaft, Jl. Diponegoro 44, Jakarta, ☎ 0 21/33 81 01, 🖷 3 90 49 27. Schweizer Botschaft, Jl. H.R. Rasuna Said, Blok X 3/2, Kuningan, Jakarta, ☎ 021/5 20 74 51, 🖷 5 20 22 81.

Einkaufen

Ähnlich vielfältig wie die ethnischen Gruppen sind auch die kunsthandwerklichen Produkte, die man in Indonesien findet. Hochwertige *Batikstoffe* werden in Zentraljava produziert, sind aber inzwischen fast überall im Archipel zu kaufen. Bei verdächtig billigen Angeboten handelt es sich wahrscheinlich um Drucke! *Ikatwebereien* aus Sulawesi, Nusa Tenggara und Tenganan (Bali) sind berühmt in aller Welt.

Günstige und modische Kleidung finden Sie vor allem auf Bali (Kuta, Sanur). Elegante Batikkleidung, modisch allerdings nicht immer der letzte Schrei, kauft man am besten in Zentraljava.

Silberschmiedearbeiten – Schmuck, Dekorations- und Gebrauchsgegenstände – gibt es günstig in Yogyakarta und auf Bali. *Holzschnitzereien* werden auf vielen Inseln hergestellt (Sumatra, Sulawesi, Irian Jaya), die feinsten Arbeiten findet man jedoch im Umkreis des balinesischen Schnitzerdorfes Mas. Die berühmten *Schattenspielfiguren* (Wayang-kulit-Figuren) kaufen Sie am besten in Yogya und Umgebung, Zentrum der *Holzpuppen*-Herstellung (Wayang-golek-Puppen) dagegen ist Westjava. Schöne *Malereien* (Öl und Tempera) kann man in Ubud (Bali) kaufen, traditionelle und moderne Batikbilder in Yogyakarta.

Nach echten und falschen *Antiquitäten* (im Herstellen letzterer sind die Indonesier äußerst geschickt!) stöbert man auf Jakartas Jalan Surabaya oder in den zahlreichen Geschäften an der Hauptstraße zwischen Batubulan und Ubud auf Bali.

Nicht selten werden Sie sich von Händlern umringt sehen; zeigen Sie deutlich Desinteresse und versuchen Sie freundlich zu bleiben, auch wenn es schwer fällt; die Händler wollen nur ihren Lebensunterhalt verdienen, und die Konkurrenz ist groß und verlangt Hartnäckigkeit.

Auf Märkten, in kleineren Geschäften und in vielen Kunstgalerien ist es üblich zu handeln, der Anstand gebietet jedoch, nicht um jeden Pfennig zu feilschen. Immer mehr Boutiquen gehen zu „fixed prices" über.

Achten Sie beim Kauf von Souvenirs auf die Ausfuhrverbote (alles was über 50 Jahre ist, gilt als Antiquität und unterliegt Beschränkungen). Gemäß dem Washingtoner Artenschutzabkommen bestehen in Europa bestimmte Einfuhrverbote (u. a. Elfenbein, Schildpatt und Schlangenhaut betreffend).

Einreisebestimmungen

Paßbestimmungen: Deutsche, Österreicher und Schweizer benötigen für die Einreise lediglich einen Reisepaß, der jedoch noch mindestens sechs Monate über die Ausreise hinaus gültig sein muß, und ein Rück- bzw. Weiterreiseticket. Die Aufenthaltsgenehmigung beträgt zwei Monate und kann nicht verlängert werden, man kann jedoch nach Ausreise in eines der Nachbarländer bereits am nächsten Tag wieder einreisen. Für Geschäftsreisen wird ein Visum benötigt, Hinweise dazu erteilen die diplomatischen Vertretungen der Republik Indonesien.

Devisenbestimmungen: Die Ein- und Ausfuhr der Landeswährung ist auf 50 000 Rp begrenzt, Fremdwährungen unterliegen keinerlei Beschränkungen.

Zollbestimmungen: Zollfrei eingeführt werden dürfen Gegenstände des persönlichen Bedarfs, Foto-, Film- und Videokameras, Filme, Schreibmaschine und Fernglas sowie 2 l alkoholische Getränke, 200 Zigaretten (50 Zigarren oder 100 g Tabak) und eine angemessene Menge Parfüm sowie Geschenke im Gesamtwert von 100 US$.

Verboten ist die Einfuhr von Publikationen in chinesischer Schrift, pornographischer Schriften (auch Bücher oder Zeitschriften mit sehr freizügigen Fotos), bespielter Videokassetten, Waffen, Rauschgift und Frischobst.

Impfungen: Vorgeschrieben ist eine Gelbfieberimpfung bei Einreise aus einem Infektionsgebiet. Empfohlene Schutzmaßnahmen siehe Gesundheit.

Elektrizität

Die Netzspannung beträgt meist 220 V, man findet allerdings auch noch 110 V. Den notwendigen Adapter nehmen Sie besser mit, nur in besseren Hotels kann er ausgeliehen werden. In Indonesien benötigen Sie Flachstecker.

Kleiner Sprachkurs

selamat pagi	Guten Morgen
elamat siang	Guten Tag
selamat sore	Guten Tag (ab ca. 15 Uhr)
selamat malam	Guten Abend (nach Einbruch der Dunkelheit)
selamat tidur	Gute Nacht
selamat jalan	Auf Wiedersehen (sagt derjenige, der zurückbleibt)
selamat tinggal	Auf Wiedersehen (sagt derjenige, der geht)
permis	Verzeihung/ Gestatten Sie
terima kasih	Danke
ma´af	Entschuldigung
ya	Ja
tidak	Nein
harga	Preis
berapa harganya	Wieviel kostet das
murah	billig
mahal	teuer
makan	essen
minum	trinken
nasi	Reis
ikan	Fisch
ayam	Huhn
daging	Fleisch
kopi	Kaffee
teh	Tee
air	Wasser
dingin	kalt
panas	heiß

satu - eins; dua - zwei; tiga - drei; empat - vier; lima - fünf; enam - sechs; tujau - sieben; delapan - acht; sembilan - neun; sepuluh - zehn.
sebelas - elf; duabelas - zwölf; (...). dua puluh - zwanzig; dua puluh satu - einundzwanzig (...).
seratus - hundert; duaratus - zweihundert (...).
seribu - tausend; duaribu - zweitausend (...)

Feiertage

Staatsfeiertage (dem Gregorianischen Kalender folgend) sind: 1. 1. Neujahrsfest, Osterfest, 17. 8. Unabhängigkeitstag, 25. 12. Weihnachten.

Halboffizielle Feiertage sind: 21. 4. Kartinitag (Frauentag), 1. 10. Pancasila-Tag (Verfassungstag), 5. 10. Tag der Streitkräfte.

Die Zahl der religiösen Feste ist unüberschaubar, ihre Daten wechseln jährlich, da sie sich nach unterschiedlichen Kalendersystemen richten (s. S. 20). Der vom Fremdenverkehrsamt herausgegebene Calendar of events informiert jährlich über die Termine.

Sonntags sind die Büros, aber längst nicht alle Geschäfte geschlossen.

Flughafengebühren und Flugrückbestätigung

Bei der Ausreise ist eine Flughafengebühr von 20 000 Rp zu entrichten. Die meisten Fluggesellschaften verlangen die Rückbestätigung der internationalen Flüge mindestens 72 Stunden vor Abflug – persönlich oder telefonisch im Büro der jeweiligen Fluggesellschaft (lassen Sie sich den sogenannten reconfirmation code geben!).

Fotografieren

Filme sind in den Touristenzentren überall erhältlich, in abgelegeneren Regionen findet man aber oft nur eine bescheidene Auswahl, die zudem oft unsachgemäß gelagert ist. Nehmen Sie also lieber reichlich Filme mit, denn Indonesien bietet herrliche Fotomotive.

Die Röntgengeräte auf den internationalen Flughäfen sind filmsafe, auf kleineren Flughäfen sollten Sie auf Handkontrolle bestehen.

Vergessen Sie bitte nicht, daß Einheimische kein Fotoobjekt sind. Zurückhaltung und die Bitte um Einverständnis – Gesten genügen meist – sollten, vor allem bei religiösen Feierlichkeiten, selbstverständlich sein.

Geschäftszeiten

Banken: Mo–Fr 8–12, Sa 8–11 Uhr.

Geschäfte: Unterschiedlich, kleine Läden verkaufen oft bis 21 oder 22 Uhr.

Behörden: Mo–Do 8–14, Fr 8–11, Sa 8–12 Uhr.

Gesundheit

Ob eine Malaria-Prophylaxe auf einer Reise, die nur die Haupttouristenzentren Javas und Balis berührt, wirklich nötig ist, sollte jeder mit Arzt und Tropeninstitut abklären. Führt die Reise in abgelegene Regionen des Archipels (besonders Nias, Kalimantan, die Molukken, Flores, Timor, Sumba) wird die Einnahme entsprechender Präparate dringend empfohlen. Die beste Prophylaxe ist jedoch, Stiche zu vermeiden und gefährdete Hautstellen zu bedecken.

Überprüft werden sollte auf jeden Fall der Impfschutz gegen Kinderlähmung und Tetanus. Wer öfter reist, kann eine Impfung gegen Hepatitis A in Betracht ziehen, ansonsten kann der Arzt durch eine – inzwischen wegen einer Infektionsgefahr mit Aids nicht mehr unumstrittene – Spritze die Abwehrkräfte steigern.

Die medizinische Versorgung in Indonesien läßt nach wie vor zu wünschen übrig. Der Standard der Krankenhäuser genügt meist nicht europäischen Ansprüchen (im Fall des Falles sollte man sich nach einem von Missionsgesellschaften geführten Hospital erkundigen), viele der Ärzte sprechen kaum Englisch. Die meisten großen Hotels haben jedoch in Europa ausgebildete Ärzte unter Vertrag. Der Abschluß einer Reisekrankenversicherung, die unbedingt die Möglichkeit des Rücktransports im Ernstfall einschließen sollte, ist auf jeden Fall ratsam. Empfehlenswert ist der in Lufthansa-Büros erhältliche „Gesundheitsratgeber für Auslandsreisen. Verständigungshilfe für Arzt- und Apothekenbesuche im Ausland."

Die gängigen Medikamente sind in Apotheken *(apotik)* günstig und rezeptfrei erhältlich. Die Reiseapotheke sollte aber auf jeden Fall Mittel gegen Durchfall, Sonnenbrand und Erkältungen enthalten. Zum Mückenschutz sind die einheimischen Mittel (fragen Sie im Hotel) oft die wirksamsten.

Um Krankheiten vorzubeugen, sollten einige Vorsichtsmaßnahmen selbstverständlich sein: Lassen Sie sich Zeit, sich an das fremde Klima zu gewöhnen und unterschätzen Sie auf gar keinen Fall die Sonneneinstrahlung. Sonnenschutzmittel (hoher Lichtschutzfaktor) und Sonnenhut gehören unbedingt ins Reisegepäck. Klimaanlagen (air condition, ac) sind mit Vorsicht zu genießen: Der abrupte Wechsel zwischen der Hitze draußen und den Eisschranktemperaturen drinnen hat schnell Erkältungen zur Folge. Ein Ventilator (fan) ist oft zweckmäßiger.

Außerhalb der großen Hotels sollten nur gekochte oder durchgebratene Gerichte sowie geschältes Obst genossen werden („cook it, peel it, or forget it": Koch es, schäl es oder vergiß es!). Leitungswasser sollten Sie meiden und lieber auf das überall erhältliche Mineralwasser zurückgreifen; einige Hotels halten auf den Zimmern auch Kannen mit abgekochtem Wasser bereit. Alkohol trinken erfahrene Tropenreisende nie vor Sonnenuntergang.

Leichtsinn kann den Urlaub verderben, Übervorsicht aber ebenso. Das Probieren der indonesischen Küche macht einen Großteil des Reiseerlebnisses aus und ist bei Beachtung der wenigen Grundregeln auch nicht gefährlich.

Information

Das indonesische Fremdenverkehrsamt (Wiesenhüttenplatz 26, 60329 Frankfurt/M., ☎ 0 69/23 36 77–78, 🖷 23 08 40) verschickt kostenlos Informationsmaterial; fordern Sie auch den Calendar of events (neue Ausgabe jeweils etwa zu Jahresbeginn) mit den Daten der wichtigsten Feste an.

Informationsbüros in Indonesien: Directorate General of Tourism (Hauptstelle des staatlichen Fremdenverkehrsamtes), Jl. Kramat Raya 81, Jakarta – Pusat, ☎ 0 21/3 10 31 17–9, 🖷 3 90 81 10.

In sämtlichen Provinzhauptstädten gibt es Fremdenverkehrsämter und darüber hinaus in Touristenregionen zahlreiche regionale und lokale Informationsbüros, die in der Regel zwischen Montag und Donnerstag von 8–14 Uhr, Freitag bis 11 Uhr geöffnet sind.

Kleidung

Im feucht-heißen Tropenklima ist leichte Baumwollkleidung ideal. Wer Ausflüge in Bergregionen plant, sollte aber einen warmen Pullover einpacken (auch für klimatisierte Räume in den Hotels sehr nützlich). Sonnenhut und Regenschirm gehören zu jeder Jahreszeit ins Reisegepäck.

Badebekleidung trägt man am Strand (Oben-ohne-Baden wird als Affront gegen heimische Sitten verstanden) und – entgegen der Meinung vieler Touristen – nicht im Dorf oder gar an heiligen Stätten. Allzu offenherzige Kleidung verletzt die Gastgeber und provoziert Aufdringlichkeiten. In Bali zeigen Schilder an vielen Tempeln, was auf der Götterinsel unter korrekter Kleidung verstanden wird: Knie und Schultern sollten bedeckt sein.

Kriminalität

Mit den steigenden Touristenzahlen hat auch die Zahl der Diebstähle in den Touristenzentren zugenommen. Lassen Sie Ihren wertvollen Schmuck deshalb am besten zu Hause und vertrauen Sie Ihre Wertsachen dem Hotelsafe an.

Post und Telefon

Die Postämter *(Kantor Pos dan Giro)* sind in der Regel Mo–Do 8–14 Uhr, Fr 8–11 Uhr und Sa 8–12.30 Uhr geöffnet.

Briefmarken sind aber auch bei Postal Services in den Touristenzentren und in vielen Hotels zu bekommen. Eine Postkarte nach Europa muß derzeit mit 600 R. frankiert werden.

Post nach Europa benötigt ca. 10 Tage, ein Luftpostpaket 2 bis 3 Wochen, ein Seepaket etwa 3 Monate. In den Touristenzentren gibt es zahlreiche zuverlässige Cargo-Firmen.

Das nationale Telefonnetz ist hoffnungslos überlastet. Für Gespräche von öffentlichen Fernsprechern benötigt man neben Geduld auch oft noch einen großen Vorrat an 100-Rp-Münzen. Aber auch in Indonesien ist das Kartentelefon auf dem Vormarsch.

Weniger Probleme bereiten internationale Gespräche. Europa ist seit einigen Jahren direkt anwählbar von Telefonämtern *(kantor telekom* oder *wartel),* wo auch Telefonkarten erhältlich sind, und natürlich aus Hotels, die allerdings oft hohe Gebühren erheben. Eine Alternative sind in manchen Hotellobbys installierte Kartentelefone (Karten an der Rezeption).

Internationale Vorwahlnummern: Deutschland 001 49, Österreich 001 43, Schweiz 001 41, Indonesien 00 62.

Trinkgeld

In Indonesien sind Trinkgelder eigentlich nicht üblich. Durch den Tourismus haben sich aber die Sitten und die Erwartungshaltung geändert. So erwarten Kellner in guten Hotels und Restaurants, auch wenn ein Bedienungsgeld in der Rechnung bereits enthalten ist, ein Trinkgeld von ca. 10 %, Gepäckträger auf Flughäfen und in den Hotels mindestens 500 Rp pro Gepäckstück.

Zimmermädchen und Taxifahrer freuen sich über eine kleine Aufmerksamkeit.

Währung und Geldwechsel

Die indonesische Währung ist die Rupiah (Rp.). Derzeit bekommt man für 1 DM etwa 1550 Rp.

Getauscht werden kann in Banken und, sehr viel länger und unproblemati-

scher, in lizenzierten Wechselstuben, die in den Touristenzentren an jeder Straßenecke zu finden sind. Die Kurse in den großen Hotels sind meist etwas ungünstiger.

Nehmen Sie Reiseschecks in US$ oder in DM mit. Kreditkarten (v. a. Eurocard und Visa) werden in den großen Hotels und in vielen Kunstgalerien und Werkstätten akzeptiert.

Übriggebliebene Rupiah kann man gegen Vorlage der Wechselquittung am Flughafen zurücktauschen.

Zeit

Wegen der großen Ausdehnung wird Indonesien in drei Zeitzonen eingeteilt: Westindonesien (Sumatra, Java, Madura, West- und Zentralkalimantan) MEZ + 6 Std.; Zentralindonesien (Bali, Nusa Tenggara, Sulawesi, Süd- und Ostkalimantan) MEZ + 7 Std.; Ostindonesien (Molukken und Irian Jaya) MEZ + 8 Std. Während der europäischen Sommerzeit verringert sich der Unterschied um jeweils eine Stunde.

Zollbestimmungen

Einfuhrbestimmungen siehe Einreise, Seite 91.

Die Ausfuhr von Souvenirs unterliegt keinerlei Beschränkungen. Alle Gegenstände, die älter als 50 Jahre sind, werden jedoch als „nationale Kostbarkeiten" gehandelt und dürfen nicht ausgeführt werden.

Die wichtigsten Zollfreigrenzen bei der Wiedereinreise im europäischen Heimatland sind: In Deutschland, Österreich und der Schweiz 200 Zigaretten, 1 l hochprozentiger Alkohol oder 2 l Wein, Geschenke bis 350 DM, 2500 öS bzw. 200 sfr. Gemäß dem Washingtoner Artenschutzabkommen ist die Einfuhr von geschützten Planzen und Tieren (darunter fallen Schildpatt, Elfenbein, Korallen, Schlangen- und Krokoleder usw.) streng verboten. Derlei Gegenstände werden rigoros beschlagnahmt, außerdem drohen hohe Strafen.

Register